수학이 꿈틀꿈틀

앗, 이렇게 재미있는 수학이!

수학이 꿈틀꿈틀

샤르탄 포스키트 글 | 필립 리브 그림 | 김재영 옮김

주니어김영사

수학이 꿈틀꿈틀

1판 1쇄 인쇄 | 2011. 6. 30.
개정 1판 1쇄 발행 | 2019. 12. 5.

샤르탄 포스키트 글 | 필립 리브 그림 | 김재영 옮김

발행처 김영사 | 발행인 고세규
등록번호 제 406-2003-036호 | 등록일자 1979. 5. 17.
주소 경기도 파주시 문발로 197(우10881)
전화 마케팅부 031-955-3100 | 편집부 031-955-3113~20 | 팩스 031-955-3111

값은 표지에 있습니다.
ISBN 978-89-349-9824-2 74080
ISBN 978-89-349-9797-9 (세트)

좋은 독자가 좋은 책을 만듭니다. 김영사는 독자 여러분의 의견에 항상 귀 기울이고 있습니다.
독자의견전화 031-955-3139 | 전자우편 book@gimmyoung.com
홈페이지 www.gimmyoungjr.com | 어린이들의 책놀이터 cafe.naver.com/gimmyoungjr

이 도서의 국립중앙도서관 출판시도서목록(CIP)은 서지정보유통지원시스템
홈페이지(http://seoji.nl.go.kr)와 국가자료공동목록시스템(http://www.nl.go.kr/kolisnet)에서
이용하실 수 있습니다. (CIP제어번호 : CIP2019030728)

어린이제품 안전특별법에 의한 표시사항

제품명 도서 **제조년월일** 2019년 12월 5일 **제조사명** 김영사 **주소** 10881 경기도 파주시 문발로 197
전화번호 031-955-3100 **제조국명** 대한민국 ⚠**주의** 책 모서리에 찍히거나 책장에 베이지 않게 조심하세요.

차례

문제 상자

독자 여러분 안녕? 혹시 보기에는 무지 쉽고 간단한데 막상 풀어 보니 무척 골치 아팠던 수학 문제와 맞닥뜨린 적 없었어? 물론 아무도 답을 알려 주지 않고 말이야. 그것은 문제는 쉬워 보여도 그 속에는 악마 같은 답이 숨어 있기 때문이야. 보기와 달리 어려운 수학 이론을 알아야 한다는 뜻이지. 그러나 아직 걱정할 필요는 없어! 〈앗! 시리즈〉에서 그 문제를 해결해 줄 테니까. 그래서 우리는 우선 〈앗! 시리즈〉 친구들에게 문제를 하나씩 종이에 쓰도록 했다.

좋은 문제가 너무 많아서 어디서부터 시작해야 할지 몰랐던 우리는 그것들을 모두 상자 안에 넣고 제비뽑기를 하기로 했

다. 누구 문제가 뽑혔을까?

폭스워스 저택에 사는 빙키 스몰브레인이었다. 빙키는 흥겨운 음악을 연주해 주겠다고 했고, 우리는 대환영이었다. 빙키는 딱 여섯 개의 음표로 이루어진 멋진 음악을 알고 있다고 했다. 단지 그 음이 무엇인지 정확히 기억하지 못해, 찾아낼 때까지 이것저것 연주해 봐야 하는 것이 문제였다.

여러분은 아마 여섯 개의 음표로 되어 있는 곡이라면 찾는데 얼마 걸리지 않을 것이라고 생각할 테지만 실제 상황이 되면 깜짝 놀랄 것이다. 날마다 일어나는 일이 그렇듯이, 이것도 꽤나 쉬운 질문 같지만 답은 끔찍하다!

피아노로 연주할 수 있는 곡이 몇 개나 될까?

빙키의 피아노에는 77개의 건반이 있어, 고를 것들이 무척 많다.

만약 빙키가 어떤 음도 고를 수 없다면, 그는 아무 곡도 연주할 수 없다는 뜻이다. 그것만은 분명하다.

빙키는 '솔, 라, 시, 도'를 연주할 수 있다. 만약 그가 연주할 곡이 딱 하나의 음으로 이루어져 있다면, 연주할 수 있는 곡은 네 개 중 하나이다. 솔, 라, 시 또는 도. 만약 그 곡이 두 개의 음으로 이루어져 있다면, 그가 연주할 수 있는 곡의 수는 $4 \times 4 = 16$이다. 솔솔, 솔라, 솔시, 솔도, 라솔, 라라, 라시, 라도, 시솔, 시라, 시시, 시도, 도솔, 도라, 도시, 도도 이렇게 16개이다. 이다. 만약 빙키가 여섯 개의 음으로 이루어진 곡은 연주한다면 곡은 $4 \times 4 \times 4 \times 4 \times 4 \times 4 = 4{,}096$가지가 된다. 우리는 $4 \times 4 \times 4 \times 4 \times 4 \times 4$를 더 간단하게 4^6으로 나타낼 수 있다.

실제로 빙키는 4,096개보다 훨씬 더 많은 곡을 만들 수 있다. '생일 축하합니다' 노래에 들어가는 음은 '솔솔라솔도시'인데, 박자를 정확하게 맞춰 각 음을 연주해야 한다. 예를 들자면 '생-일'에 들어가는 두 음은 좀 짧게, '-다'에 들어가는 한 음은 길게 연주해야 한다.

음악에 가장 많이 사용되는 대표적인 박자와 음표의 이름은 다음과 같다.

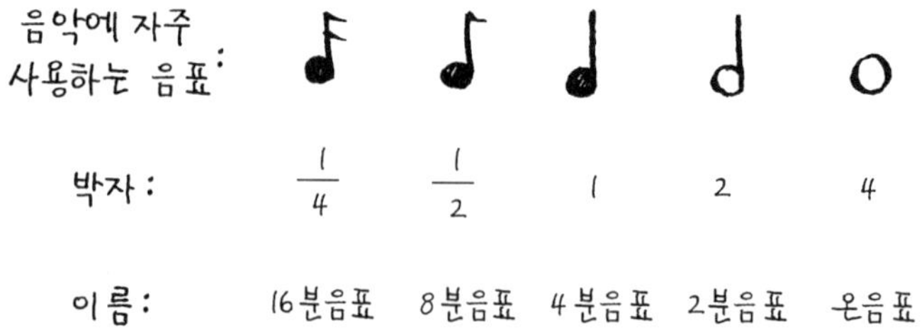

물론 다른 음표들도 있다. 3박자로 연주해야 하는 점 2분 음표나 $\frac{1}{8}$박자로 연주해야 하는 32분음표도 있지만, 우선 가장 많이 쓰이는 것들로만 생각해 보자.

악보에 쓰인 음표를 보면 그 음이 얼마나 긴지 또는 높은 음인지, 낮은 음인지를 알 수 있다.

빙키가 음 하나를 연주하는 데도 얼마나 많은 방법이 있는지 알았지? 여기 계산하는 식이 있다.

한 음을 연주하는 방법의 가짓수 =
고를 수 있는 음의 수 × 서로 다른 박자의 수

빙키가 솔, 라, 시, 도 중 하나의 음을 골라 5개의 대표적인 박자 중 하나로 연주할 수 있는 방법은 $4 \times 5 = 20$가지가 된다. 그럼 6개의 음으로 이뤄진 곡을 연주하는 방법은 몇 가지나 될까?

답은 $20 \times 20 \times 20 \times 20 \times 20 \times 20$이며, 이는 20^6으로도 쓸 수 있다. 이것을 계산하면 6,400만 가지가 나온다. '생일 축하 합니다' 라는 한 소절을 만드는 방법이 이렇게나 많다니!

그러니까 여러분이 새로운 악기를 배우고 있고, 딱 4개의 음만 연주할 수 있다고 해도 6개의 음표로 이루어진 6,400만 개의 곡을 연주할 수 있다! 지금 당장 여러분의 튜바를 창밖으로 내밀어 옆집 사람들을 위해 콘서트를 열어 주는 것은 어떨까? 이웃들은 무척 감동할 것이다.

그럼 이번에는 빙키가 77개의 음을 모두 사용할 수 있다면 하나의 음으로 연주할 수 있는 방법은 모두 몇 가지나 될까? 77 × 5 = 385. 그럼 여섯 개의 음으로 이루어진 곡을 연주할 수 있는 방법은? 385^6 = 3,256,599,688,890,625가지이다.

지금까지는 빙키가 연필로 건반을 한 번에 하나씩 누른다고 가정할 경우였다. 이번에는 빙키가 한 번에 네 개의 음을 사용해서 화음을 연주한다고 가정해 보자. 첫 번째 만들어지는 화음은 몇 가지나 될까?

빙키가 화음을 만드는 경우를 다 쓰다가는 이 책이 폭발해 버릴지도 몰라서 우리는 약간 단순한 방법을 쓰기로 했다. 빙키의 양손이 한꺼번에 가장 높은 음이나 가장 낮은 음까지는 연주하지 않는다고 치면, 각각 약 40개의 음을 고를 수 있다. 또 빙키가 양손으로 각각 2개의 음을 연주하며, 손가락이 한 번에 최대 12개의 건반까지 닿는다고 가정하자. 그러면 빙키는 화음에 넣을 수 있는 두 개의 음을 각각 12개까지 고를 수 있다. 또 이 음에 대해 각각 5개의 박자를 고를 수 있으니까 첫 번째로 만들 수 있는 화음의 개수는 40×40×12×12×5 = 1,152,000개가 된다.

이제 첫 번째 문제의 끔찍한 답을 만날 준비가 되었겠지? 그럼 다음을 보자!

빙키가 6개의 화음을 넣고 각 화음은 4개의 음으로 되어 있다면, 그가 만들 수 있는 서로 다른 곡은 대략 이렇게 된다.

$1,152,000^6$ = 2,337,302,235,907,620,864,000,000,000,000,000,000.

그럼 이 곡들이 멋진 소리를 만들어 내는 경우의 수는 몇 가지나 될까?

꽤 쓸 만한 녀석들

수학에 수백만 개의 질문이 있다고 해도 다음에 나오는 것을 한두 개 이용한다면 대부분 답을 구할 수 있다.

- 연산
- 공식
- π
- 피타고라스의 정리
- 융통성 있는 생각

몇 가지 도움이 될 만한 것들이 또 있다.

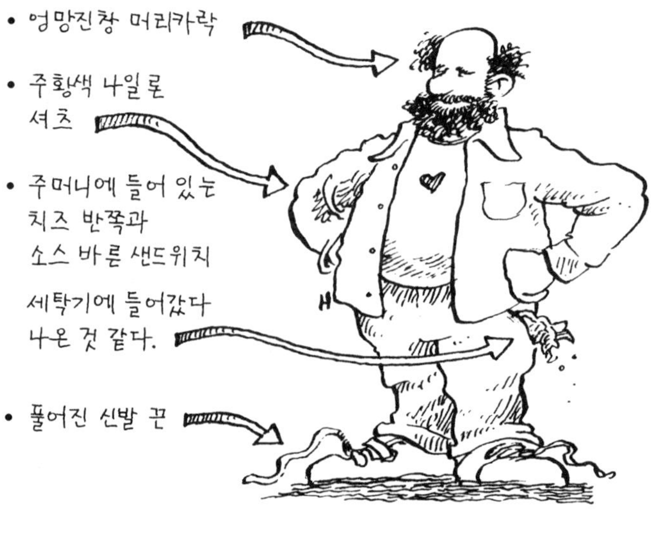

이것들이 얼마나 우리를 도와줄 수 있는지 차례대로 살펴보도록 하자.

연산

우리는 이미 빙키가 피아노로 연주할 수 있는 곡이 몇 가지나 되는지 알아보는 데 연산을 사용했다. 곱셈만 했을 뿐인데도 참으로 어마어마한 답이 나왔다. 그런데 덧셈, 뺄셈, 곱셈 그리고 나눗셈으로 얼마나 놀라운 일을 할 수 있는지, 나의 책 《수학이 자꾸 수군수군 ①셈》을 보면 알 수 있다. 이 책에 어마어마한 연산을 감춰 놓았으니 궁금하면 살펴보길!

이 세상 사람들을 모두 축구팀으로 나눌 수 있을까?

이것은 사람들이 얼마나 있느냐에 달려 있다. 이 세상에 정확하게 6,794,703,256명이 살고 있다고 하자. 축구팀은 11명으로 구성되니까 여러분은 이 수가 11로 나누어지는지 알아야 한다. 간단한 방법이 있다.

숫자들 사이에 '–'와 '+' 기호를 번갈아 넣어 보자. 다음과 같이 하면 된다.

$6-7+9-4+7-0+3-2+5-6$

이제 계산만 하면 된다. 먼저 + 기호와 – 기호를 따로따로 나눠 놓으면 쉽다. 숫자들은 기호와 붙어 다닌다는 것을 잊지 말자.

$6+9+7+3+5 \qquad -7-4-0-2-6$

+ 기호와 – 기호가 붙은 수들끼리 계산하면 $30-19=11$이 나온다.

계산한 답이 0이거나, 11로 나누어떨어지면 아무리 큰 수라 하더라도 그 수는 11로 나누어떨어진다! 답이 11이므로, 이 수는 분명히 11로 나누어떨어진다. 그 말은 6,794,703,256은 11로 나누어떨어진다는 뜻이다.

더 좋은 소식도 있다! 6,794,703,256은 또 짝수이므로 2로 나누어떨어진다. 이 말은 2팀으로 정확히 나누어지므로 모든 사람들이 당장 경기를 시작할 수 있다는 뜻……. 어, 이게 무슨 소리지?

오, 안 돼! 방금 한 명이 더 태어났다. 따지고 보면 그리 나쁜 소식만은 아니다. 어차피 심판이 한 명 있어야 하니까. 아기에게 호루라기를 주고 예의를 갖추도록!

가장 쉬운 구구단은 몇 단일까?

이것은 우리의 순수한 수학자들이 낸 문제 가운데 하나인데, 그동안 〈앗! 시리즈〉 팀의 설문 조사 담당자들이 조사를 했다.

분명히 동의하지 않는 사람들도 있을 것이다. 하지만 여러분은 우리의 순수한 수학자들이 똑똑한 방법으로, 책임감 있게 이 문제들을 토의한 것만은 믿을 것이다.

이렇게 되어서 미안하군. 구구단 중에서 가장 쉬운 것이 0단인지, 1단인지, 10단인지, 11단인지는 여러분 스스로 결정했을 것 같은데……. 혹시 1089단?

1 × 1,089 = 1,089

2 × 1,089 = 2,178

3 × 1,089 = 3,267

4 × 1,089 = 4,356

5 × 1,089 = 5,445

6 × 1,089 = 6,534

7 × 1,089 = 7,623

8 × 1,089 = 8,712

9 × 1,089 = 9,801

아래까지 쭉 훑어 내려가서 답을 보기 전에는 틀림없이 끔찍한 답이 나온다고 생각했을 것이다. 첫째 줄에 있는 숫자들은

1, 2, 3, 4, 5, 6, 7, 8, 9이다. 다른 줄도 보자! 진짜 신기한 것은 9 × 1,089이다. 뒤에서부터 읽어도 1,089이다!

아무리 1089단이 배우기 쉽다고 해도 10.89파운드짜리 물건을 잔뜩 사지 않는 다음에야 쓸 데가 없다. 하지만 그렇게 어렵지 않으면서도 여러분에게 꼭 필요할 곱셈법이 하나 있다. 다음 내용을 보면 정체가 뭔지 알게 될 것이다.

꼭 알아 두어야 할 특별한 곱셈법

그렇다! 여러분은 2단과 러시아 농부의 곱셈법이라고 알려진 계산법만 알면 된다. 43 × 87을 구해 보자.

- 맨 위 두 칸에 숫자를 쓰자.
- 왼쪽 수를 2로 나누어 그 아래에 몫을 쓴다. 나머지는 무시하자. 짝수가 나오면 '*'를 해 둔다.
- 오른쪽 수는 곱하기 2를 하고 답을 아래에 쓴다.
- 왼쪽 수가 1이 나올 때까지 계속 계산해 나간다.
- '*'가 있는 줄에 선을 그어 모든 수를 지운다.
- 오른쪽 칸에 남아 있는 수들을 더한다.
- 답이다!

43	87
21	174
~~*10~~	~~348~~
5	696
~~*2~~	~~1,392~~
1	2,784
	= 3,741

제곱근은 뭘까?

제곱근은 제곱의 반대 되는 개념이다. 곧 나올 무시무시한 피타고라스 학파들은 제곱근 사용을 비밀로 했기 때문에 이쯤은 미리 알아 두어야 한다.

점으로 사각형을 만들어 3의 제곱을 구할 수 있다. 점의 총 개수는 3×3 = 9 이다.

어떤 수가 두 번 곱해져 있을 때에 이것을 '제곱'이라고 하며, 우리는 작게 '²' 라고 표시한다. '3의 제곱'은 $3^2 = 3 \times 3 = 9$ 이다. 우리는 또 $\sqrt{9} = 3$이라고도 쓴다. '$\sqrt{\ }$' 라는 재미있는 기호는 제곱근을 말하며 $\sqrt{9}$ 는 '어떤 수를 곱해야 9가 되는지'를 물어보는 것이다. 어때 쉽지?

쉬운 제곱근 : 어떤 수가 제곱수라면 제곱근도 정수가 된다. 예를 들어 64와 25는 제곱수이고, $\sqrt{25} = 5$이고 $\sqrt{64} = 8$이다.

끔찍한 제곱근 : 대부분의 수는 제곱수가 아니라서 제곱근을 구하는 것이 매우 복잡하다. 다행히 계산기에는 언제나 $\sqrt{\ }$ 버튼이 있고, 17의 제곱근을 구하고 싶다면 계산기에서 17과 $\sqrt{\ }$ 버튼을 누르면 4.1231056……이 나온다. 이 소수는 계산기 화면을 가득 채우고도 남아서 문밖으로 나가고 강을 지나서, 길을 따라가게 내버려 두면 돈캐스터로 가는 버스를 잡아탈 것이다.

어, 이건 뭐지? 누군가 또 이런 질문을 해 왔다.

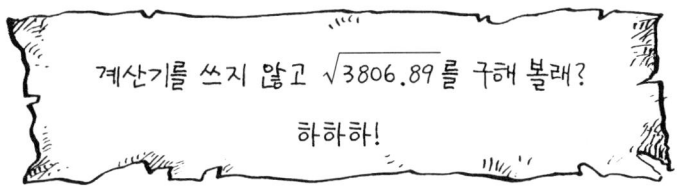

계산기를 쓰지 않고 $\sqrt{3806.89}$ 를 구해 볼래?

하하하!

한 가지 좋은 방법은 미리 답을 예상해 보고, 그 답이 맞는지 확인하는 것으로부터 시작하는 것이다. 먼저 $\sqrt{3806.89}$의 제곱근이 60이라고 예상해 보면, $60^2 = 3,600$이므로, 좀 더 큰 수를 고려해야 한다. 62는 어떨까? $62^2 = 3,844$이므로 이것은 좀 크다. 그러면 61^2을 해 보고, 다음에는 하품을 하면서 61.5^2을 해 보고, 그 다음에는 더 크게 하품을 하면서 61.8^2을 해 보고, 그 다음엔 코를 드르렁……, 더 크게 드르렁드르렁거리다가……. 어, 뭐라고?

이것은 좋은 방법이 아니군. 그럼 이 방법으로 정답을 구하고 싶지 않다면 요즘 학교에서 가르치기 두려워 한다는 신비한 어둠의 방법 가운데 하나를 써야 한다. 무척 어려울 것이므로 마음의 준비를 단단히 해야 한다. 또한 제곱근은 너무 끔찍해서 수학 마법사를 불러내야만 한다. 기대하시길!

여러분은 구하려는 제곱근을 종이에 쓰는 것부터 시작해야 한다. 그리고 그 숫자 위에 답을 쓸 수 있게 줄을 하나 긋는다. 그리고 소수점을 지나는 가느다란 점선을 하나 긋고 답을 쓸 때도 이 점선을 따라 소수점을 찍는다. 다음으로 숫자를 두 개씩 세면서 점선을 긋는다. 답을 쓸 때는 각 칸

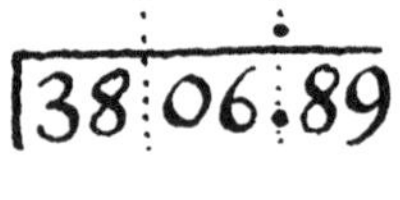

마다 숫자를 쓰게 된다.

첫 번째 칸의 두 자리 수를 보고 그 수에서 나올 수 있는 가장 큰 제곱수를 찾는다.

여기서는 첫 번째 수가 38이고 6×6 = 36이니까 가장 큰 제곱수는 36이다. 첫 번째 수의 답은 6이므로 윗줄에 6이라고 쓴다. 그리고 38 아래에 36이라고 쓴다. 그다음에 38－36을 하면 2가 남으므로 2를 그 아래에 쓴다.

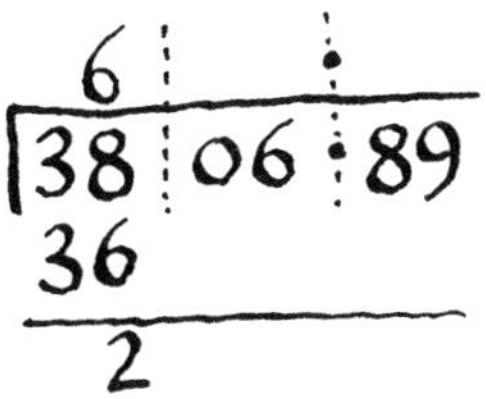

이제 전에는 아무도 몰랐던 마법이 나온다.

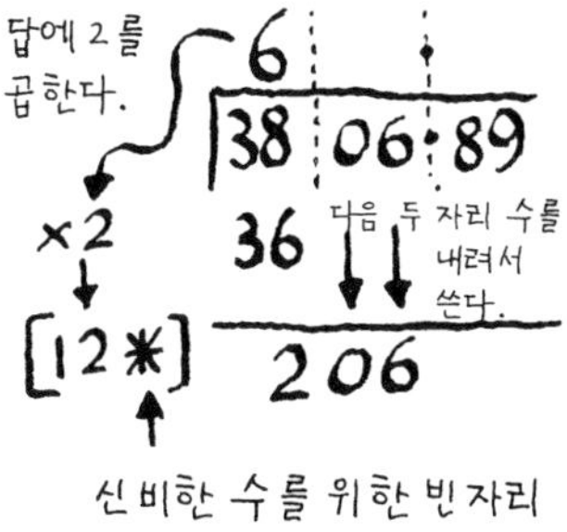

- 두 번째 칸의 두 자리 수를 아래로 내려서 남은 2옆에 붙여 쓴다.
- 아까 구했던 답으로 돌아가서 그 수의 두 배를 구한다. 그러니까 6×2 = 12이다. 그러고는 새로운 신비한 수를 위해 칸을 비워 두고 위와 같이 쓴다. 그 칸을 ＊라고 부르겠다.
- 이제 신비한 수를 구할 차례다. 12＊에 ＊를 곱하면 거의 끝난다. 이때 12＊ × ＊를 한 값이 206을 넘지 않는 가장 큰 수여야 한다. ＊를 1이라고 한다면 121×1 = 121이 된다. 이것은 206보다 작은데, 그럼 이것이 알맞은 답일까? ＊를 2로 하면 어떨까? 122×2 = 244이므로 206보다 크니까 알맞지 않다. 그러니까 ＊ = 1이다! 휴! 드디어 나왔다.

이렇게 구한 1은 맨 윗줄에 있는 6의 옆에 쓴다. 그리고 206 아래에 121이라고 쓴다. 그 다음 206에서 121을 빼면 85가 된다.

맨 밑에 있는 85옆에 세 번째 칸에 있는 89를 가지고 내려와 붙여 쓴다. 아까 구했던 답, 즉 맨 위에 있는 61을 가져와서 두 배를 하면 61×2 =122이다. 이것 역시 조금 전과 같이 새로운 신비한 수를 위한 자리를 남겨두고 쓴다. 그리고 122* × * 가 8,589를 넘지 않으면서도 가장 큰 수가 되는 *를 구한다.

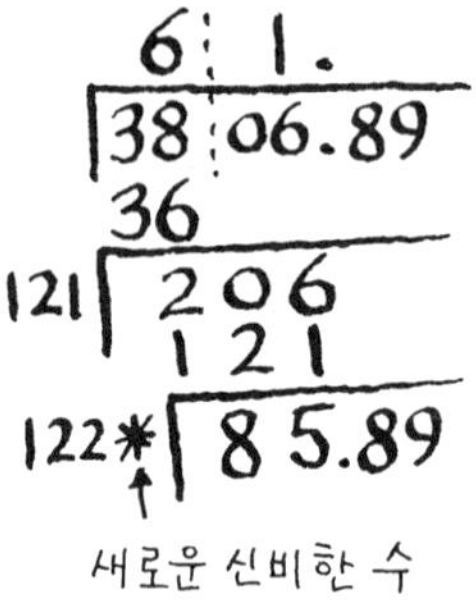

1,227 × 7 = 8,589이므로 정확하게 맞아떨어진다.

나머지가 더 없다면 계산은 끝났다. $\sqrt{3806.89} = 61.7$이라는 뜻이다.

이제부터 계산이 어떻게 끝났는지 살펴보자.

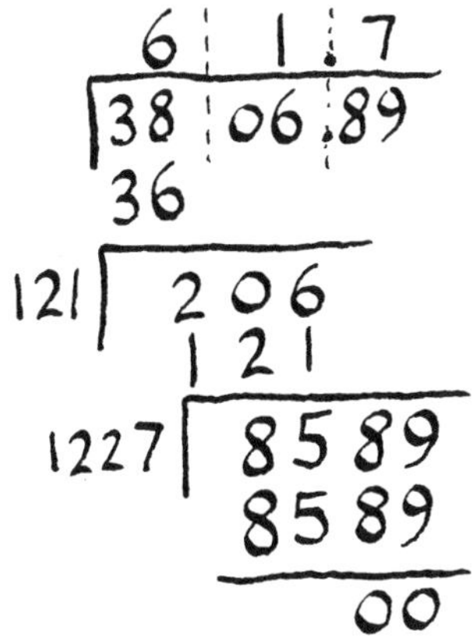

믿기지 않을 만큼 운이 좋아서 우리는 나머지 없이 답을 구하고 계산을 끝낼 수 있었다. 운이 나빴다면 나머지 옆에 0을 두 개씩 더 붙여 가면서 답을 계속 구해야 했을 것이고 마법도 또 써야 했다. 여러분이 0을 계속 붙여 나가는 것을 좋아하고 마법의 수를 끝없이 쓰는 것을 사랑한다면 소수가 끝없이 이어질 것이다.

수학 마법사가 만족해 했을까?

공식 게시판

쉬운 문제는 대부분이 평면 도형이나 입체 도형에 관한 것들이라서 우리는 언제나 메모판에 꽂아 놓을 수 있도록 휴대용 공식 목록을 가지고 다닌다.

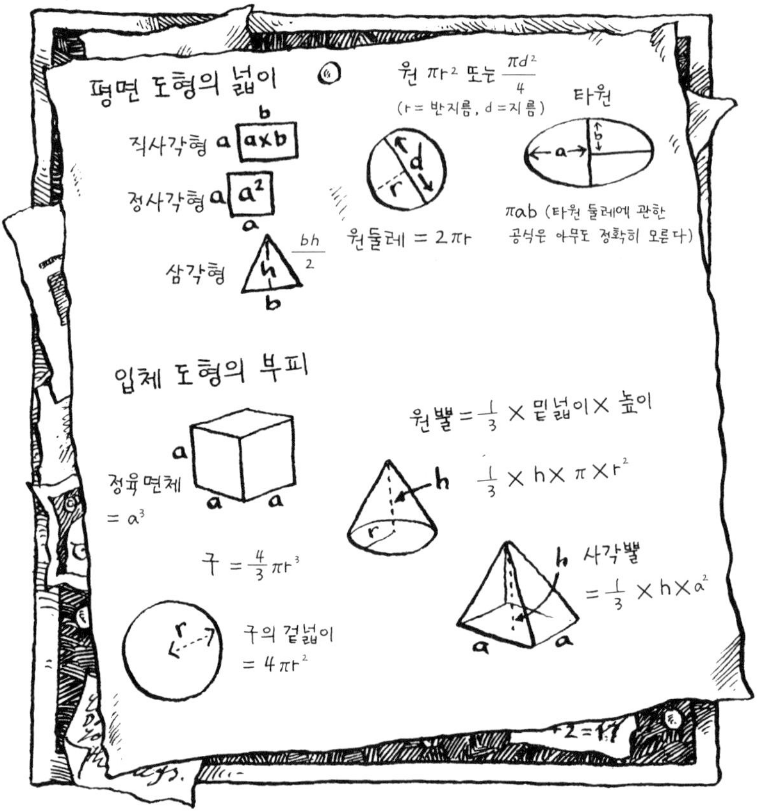

여러분은 이 공식들이 원이나 구 같이 둥근 것들도 포함하고 있는 데 주목해야 한다. 그리고 이 공식에는 재미있는 작은 기호가 포함되어 있다. 다음은 π가 뭔지 몰랐던 사람들을 위해서 특별히 마련했으니 기대하시길!

π가 뭐지?

원이 하나 있고 둘레를 잴 수 있어서 그 길이를 지름으로 나눈다면 답은 언제나 같을 것이다. 3.141592653589793238462643383279 5…….

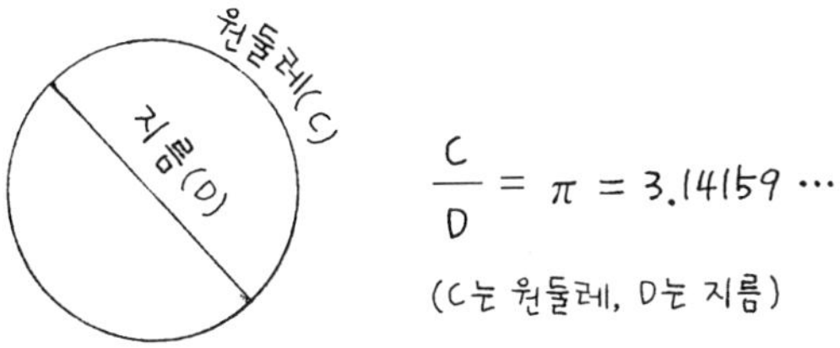

이것도 영원히 끝나지 않는 소수라서 길게 쓰지 않으려고 기호로 정했다. 그것은 그리스 문자 'π'로 '파이'라고 읽는다.

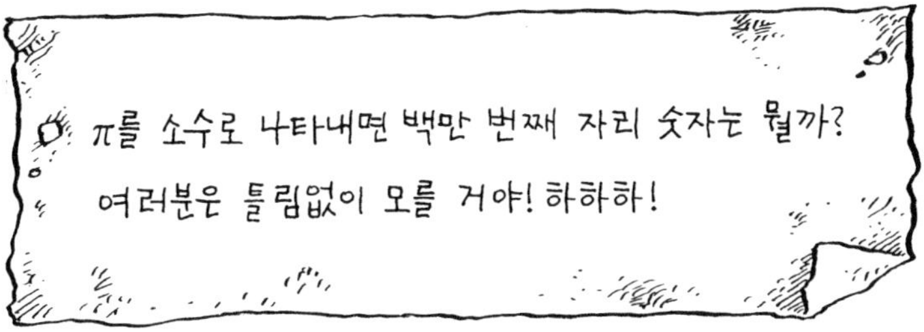

사실 우리는 알고 있다. 백만 번째 숫자는 1이고 10억 번째 숫자는 9라는 것을. 하지만 누가 이런 것을 알고 싶어 하겠나?

피타고라스의 정리

피타고라스의 정리란 뭘까?

직각이 있는 삼각형이라면 어떤 것이든 적용되는 끔찍한 규칙이 있다. 하지만 피타고라스의 정리 덕분에 우리는 다음과 같은 수천 가지 질문에 답할 수 있게 되었다.

- 나선형 미끄럼틀의 길이는 얼마나 될까?
- 외계인은 전력 장치에 전선을 연결할 수 있을까?
- 연은 얼마나 높이 올라갈까?
- 수평선은 얼마나 멀리까지 보일까?
- 축구공이 골대를 맞고 튕겨서 골문 안으로 들어가는 확률은 얼마나 될까?

이 질문들은 나중에 나올 것이다. 우리는 먼저 피타고라스의 정리가 무엇이며 어떤 일을 하는지부터 살펴보자.

직각 삼각형에서 짧은 두 변의 길이를 재서 그 각각을 제곱하여 더한 것은 긴 변을 제곱한 것과 같다.

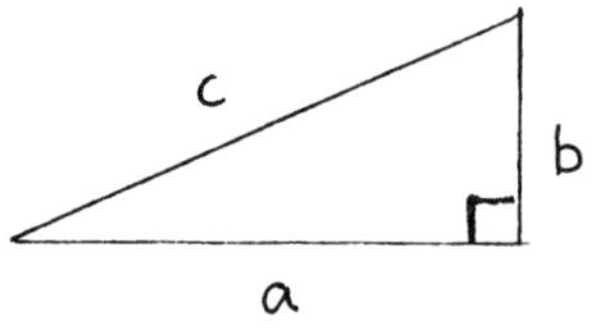

$$a^2 + b^2 = c^2$$

왜 그런 것일까?

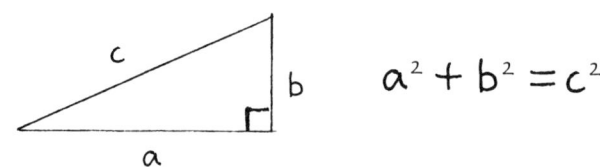

그리스의 수학자 피타고라스는 2500년 전에 이 원리를 처음으로 증명한 사람이다. 하지만 그 뒤로 피타고라스와는 다른

방법으로 그림이나 대수, 숫자, 원, 페인트 통, 치즈 그 밖에 쓸 수 있는 모든 것들을 이용한 증명이 300개도 넘게 나왔다.

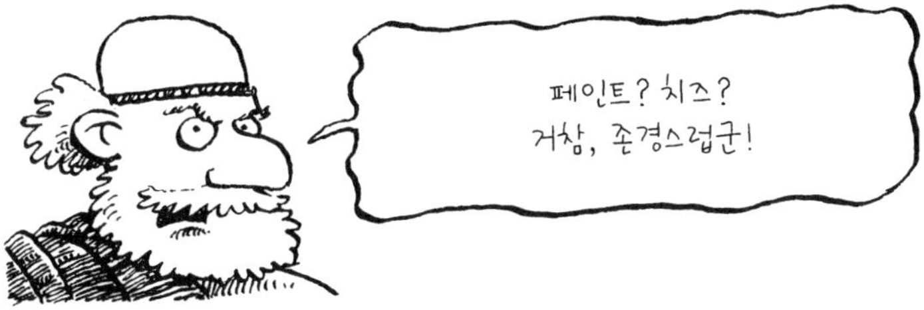

어떤 계산도 필요 없는 참으로 훌륭한 증명이 여기 있다. 그저 그림을 잘 살펴보기만 하면 된다.

피타고라스의 정리

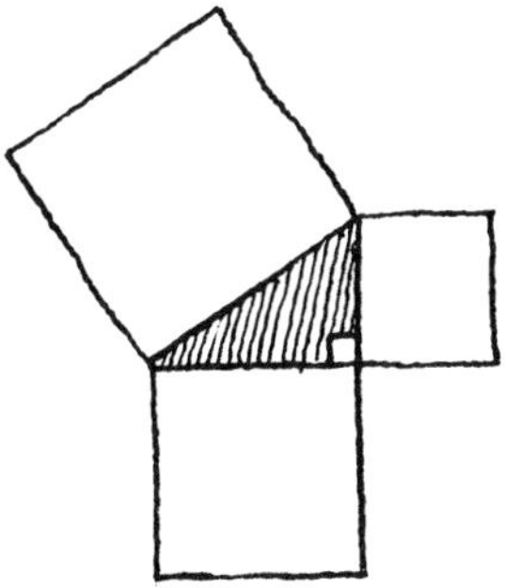

어떤 직각 삼각형이든지 각 변에 정사각형을 그릴 수 있다.
피타고라스는 두 개의 짧은 변에 그린 정사각형의 넓이를 더하면 긴 변에 그린 정사각형의 넓이가 된다는 것을 증명했다.

어떻게 항상 그럴 수 있지?

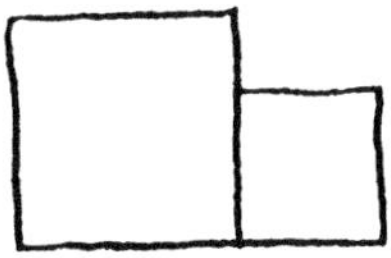

이건 두 개의 작은 정사각형을 함께 붙여 놓은 것이다.

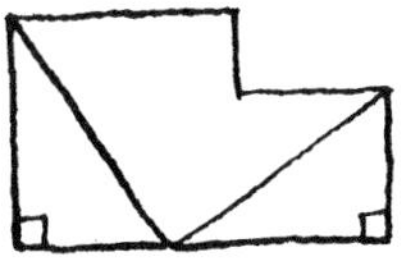

이 모양대로 자르면 똑같은 직각 삼각형 두 개가 생긴다.

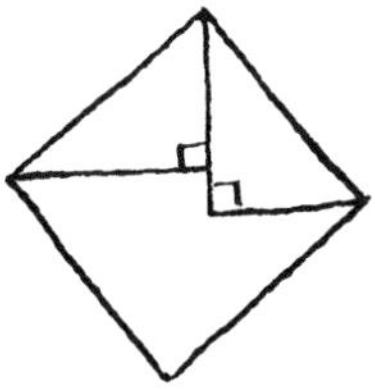

이제 조각들을 다시 맞춰 보자. 이 정사각형은 큰 정사각형과 딱 맞는 크기이다. 따라서 두 개의 작은 정사각형을 합치면 큰 정사각형이 된다.

나선형 미끄럼틀의 길이는 몇 m일까?

참 간단한 질문 같다. 하지만 답을 구하려면 피타고라스의 정리도 필요하고 약간의 융통성 있는 생각도 필요하다.

여러분이 나선형 미끄럼틀을 타고 내려간다고 하자. 그럼 여러분은 동시에 두 방향으로 움직이는 셈이다. 꼭대기에서 바닥으로 내려가면서 빙글빙글 돌아갈 테니까.

미끄럼틀의 높이가 12m이고 원둘레가 10m, 미끄럼틀은 3번 돌아간다고 하자. 그럼 어떻게 구해야 할까? 지금이 융통성 있는 생각이 필요할 때이다.

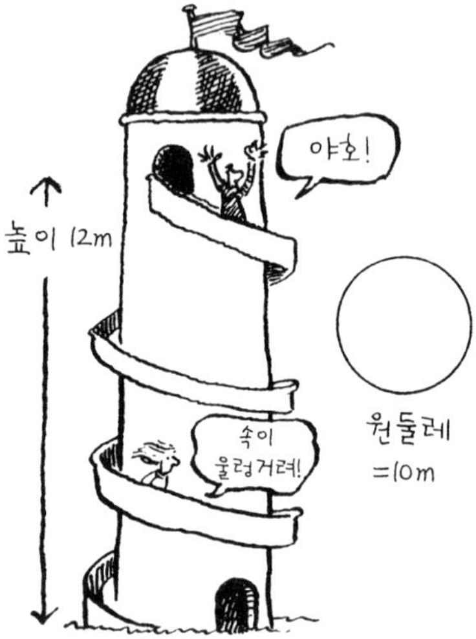

둥글게 감겨 있는 나선형 미끄럼틀을 풀어서 직선으로 만들자. 그럼 삼각형 모양이 나타날 것이다. 이제 미끄럼틀 높이만큼 높은 곳에서 나선의 길이만큼 떨어진 곳으로 미끄러져 내려간다고 생각해 보자. 자, 이제 어떻게 되나 보자고!

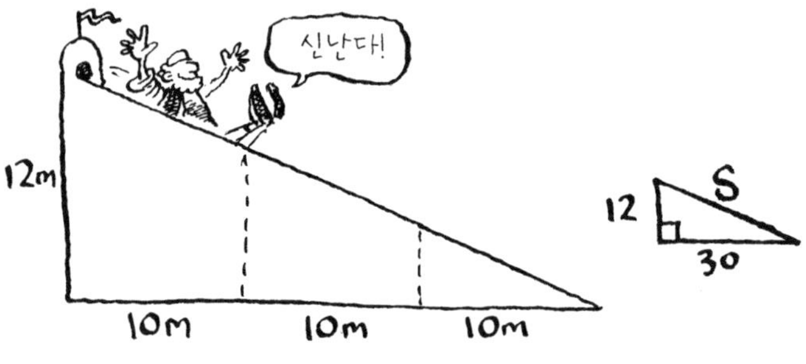

피타고라스의 정리를 적용하면 얼마나 미끄러져 내려가는지 정확히 알 수 있다! 길이는 다음과 같다.

$$s^2 = 12^2 + 30^2 = 144 + 900 = 1,044$$
$$s = \sqrt{1,044} = 32.31m$$

미끄럼틀이 아이스크림 콘 모양이면 어떻게 될까?

대부분의 나선형 미끄럼틀은 꼭대기가 좁지만 그것은 별 문제가 되지 않는다. 여러분은 중간 부분에 있는 나선의 둘레만 알면 된다.

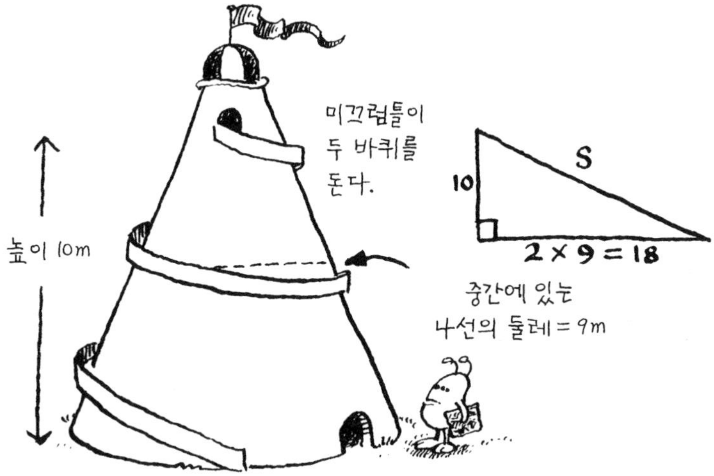

계산은 다음과 같다.

$$s^2 = 10^2 + 18^2 = 100 + 324 = 424$$
$$s = \sqrt{424} = 20.59m$$

주황색 나일론 셔츠, 엉망진창 머리카락, 풀어진 신발 끈, 그리고 주머니에 든 치즈 반쪽과 소스 바른 샌드위치는 언제 필요할까?

수학에서는 공식이나 연산으로도 해결할 수 없는 몇 가지 문제들이 있다. 앞에 나왔던 것들 말고 특별한 두뇌도 필요하다. 달리 말해서 완전히 정신 나간 순수한 수학자도 필요하다는 뜻이다. 다음에 나오는 것이 그런 종류의 문제이다.

큰 정사각형을 정사각형이 가장 적게 생기도록 나누면 몇 개가 될까?

정사각형이 모두 크기가 달라야 한다니 질문은 쉽지만 답을 구하는 것은 정말 끔찍하겠군! 이것은 단지 우리들의 순수한 수학자들을 정신없게 만드는 무의미한 질문이다. 그들은 답을

구한다는 핑계로 몇 년 동안 행복한 날들을 보냈을 것이고, 운 좋게도 아리 뒤베스팅이라는 독일 천재가 나타나서 골칫거리에서 빠져나올 수 있었다.

답은 정사각형 21개이다. 그 끔찍한 답은 큰 숫자가 나오거나 귀찮은 계산을 많이 해야 구해지는 것은 아니다. 그저 약간 융통성 있는 생각을 하면 된다!

뒤베스팅의 답을 구하려면 한 변이 112cm인 큰 정사각형을 나누면 된다. 작은 정사각형의 변의 길이는 안에 표시해 두었다.

오호! 끔찍하군.

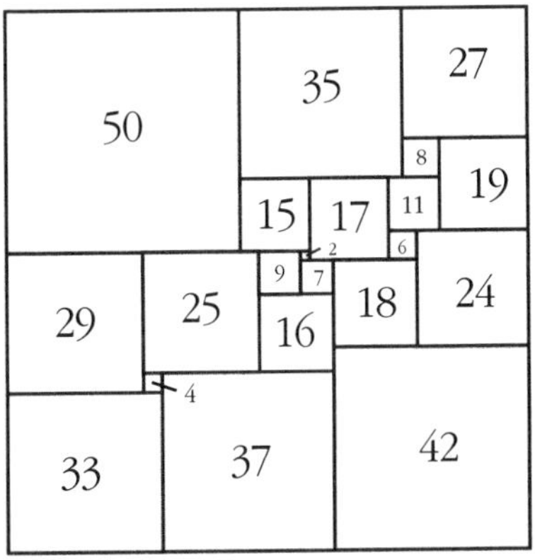

언제 9 − 11 = 10이 될까?

덧셈과 뺄셈은 생각처럼 간단하지 않다. 다음에 나오는 경찰 기록을 살펴보자.

장소: 태평양 어딘가
날짜: 1929년 8월 31일
시간: 오전 9시 5분

이글거리는 태양 아래 흰색 작은 보트가 파도에 실려 은빛 해변으로 향하고 있었다. 그 위로 갈매기 한 마리가 맴돌았다. 갑판 위에는 양말 몇 개와 수건, 침대보 등이 뒤엉켜 있어 어수선해 보였다. 엔진은 털털거리며 돌아가는데 작은 조종실에는 아무도 보이지 않았다. 보트가 모래밭으로 올라앉자 갈매기는 급강하해서 뱃머리에 앉았다.

"뭐지?" 잠에서 갓 깬 목소리가 들려왔다.

침대보의 한쪽이 들썩이면서 중절모를 쓴 머리가 불쑥 나왔다. 면도날 보첼리는 눈을 비비면서 주위를 둘러보았다.

"안녕. 땅 위로 올라왔군! 지미, 삼겹살, 그리고 나머지도 일어나! 아침이야. 도착했어."

침대보와 수건들이 들썩대더니 여섯 남자가 기지개를 켜며 일어났다. 모두 옷은 구겨지고 모자는 찌그러져 있었다.

"이런!" 모두가 말했다.

"우리가 정말 해낸 거야, 면도날?"

"그렇고 말고." 면도날이 자랑스럽게 말했다.

"우리는 분명히 처음으로 상어 지느러미 섬에서 탈출한 사람들일 거야!"

면도날 보첼리는 허우적거리며 일어나서 바닷가를 이리저리 둘러보았다.

"어디 감옥 담장 없어? 철조망은?"

"안 보여." 가장 덩치가 작은 위즐이 말했다.

"그런데 네가 우리한테 스킵포리지에 도착할 거라고 말했던 것 같은데."

"그래, 항구는 어디에 있지?" 반쪽 미소 가브리아니가 따지듯이 말했다.

"그리고 건물은? 불빛은?"

"그리고 식당은?" 가장 덩치 큰 남자가 말했다.

삼겹살 보첼리의 배에서는 트랙터 엔진처럼 꾸르륵거리는 소리가 났다.

"먹을 게 필요해. 지금 당장!"

"들어 봐." 면도날이 말했다.

"스킵포리지는 여기 어딘가에 있는 게 틀림없어. 지도를 봐. 자동 조종 장치는 지난 밤 내내 보트를 동쪽으로 몰고 왔어."

"그렇게 오랫동안 항해한 것 같지는 않은데?" 머리를 갸우뚱거리며 위즐이 말했다.

"이 보트는 한 시간에 8마일을 가고, 우리는 80마일을 가야만 해. 거기까지 가려면 얼마나 걸릴까, 넘버스?" 면도날이 물었다.

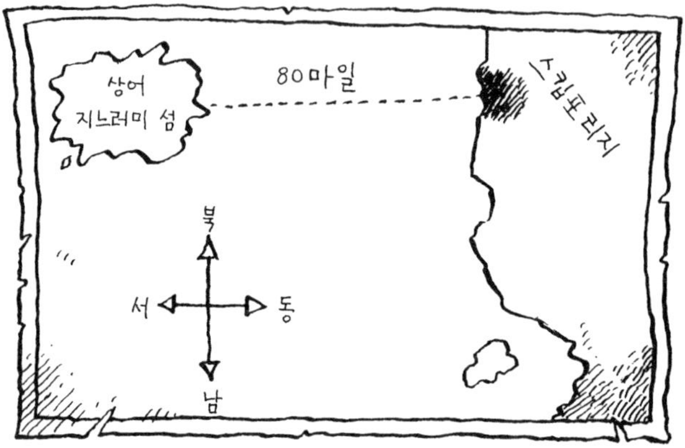

가장 홀쭉한 남자가 잠깐 생각한 뒤 말했다.

"80마일을 시간당 8마일로 나누면 10시간이 걸리는군, 면도날."

"좋아." 면도날이 말했다.

"이봐, 전기톱 찰리! 우리가 얼마나 항해했지?"

가장 키 큰 남자가 자신의 시계를 보더니 겨우 생각해 냈다.

"내 기억으로는 …… 어…… 두 시간 쯤."

"두 시간이라고?" 모두가 펄쩍 뛰었다.

"이런." 면도날이 중얼거렸다.

"우리 중에서 시계를 가진 유일한 친구가 시계를 볼 줄 모르는 유일한 친구였군."

"이것 봐, 전기톱. 우리는 밤새도록 항해했다고, 어떻게 두 시간밖에 안 될 수가 있어?" 반쪽 미소 가브리아니가 말했다.

"그래, 우리는 어두워질 때까지 기다렸고, 몰래 세탁물 보트에 타서 11시에 출발했어." 위즐이 말했다.

"그런데 시계가 지금 막 9시를 지났어. 그러니까 11시에서 9시를 빼니까 두 시간이 걸린 거지. 내가 말한 대로야." 전기톱이 말했다.

"그렇게 계산하는 게 아냐." 넘버스가 말했다.

"시간 계산은 좀 달라. 너는 9에서 11을 빼야 해."

"하지만 9에서 11을 빼는 건 …… 어…… " 전기톱 찰리가 어쩔 줄 몰라 하며 둘러보았다.

"마이너스 2야." 넘버스가 말했다.

"그러니까 우리가 마이너스 2시간 동안 배를 탔다고?" 반쪽 미소가 깜짝 놀라서 말했다.

"그럼 우리가 출발할 때 보다 더 젊어졌다는 거야?"

"아마 너는 그럴 거야. 그래도 못생긴 것은 그대로군." 한 손가락 지미가 놀렸다.

화가 난 가브리아니는 손에 잡히는 대로 쥐고 온 힘을 다해 지미 머리를 향해 휘둘렀다. 지미는 갑판이 얼굴을 후려쳤다고 생각했지만 사실은 지저분한 셔츠로 얻어맞았을 뿐이고 전혀 다치지도 않았다.

"그만들 둬." 면도날이 말했다.

"여기가 어디인지 알려면 무슨 일이 일어난 건지 알아야 해! 어떻게 밤새도록 마이너스 2시간 동안 갈 수 있단 말이야?"

그 답을 찾으려면 시계에 오직 1부터 12라는 숫자밖에 없다는 것부터 살펴야 한다. 짧은 바늘이 한 바퀴를 돌면 12시간이 지나고 다시 1에서 시작하게 된다. 시간이 서기 0년 1월 1일 0시에서 시작해서, 12시를 지나고 13, 14, 15로 계속된다고 생각해 보자. 1929년 8월 31일 오전 9시 5분이 되면 어떻게 될까? 1,690만 6,305시간하고도 5분이 지나 있을 것이니, 전기톱의 손목시계가 그 숫자들을 다 표시하려면 어마어마하게 커야 할 것이다.

이것이 바로 12시가 지나면 다시 1시로 돌아가는 시계 연산으로 시간을 나타내는 이유이다. 어떤 시각에서 다른 시각을 빼야 할 때는 시작한 시각에서 몇 시간 몇 분이 지나갔는지 더해 나가는 것이 좋은 방법이다. 면도날과 악당들이 배 위에 있었던 시간은 실제로는 이렇다.

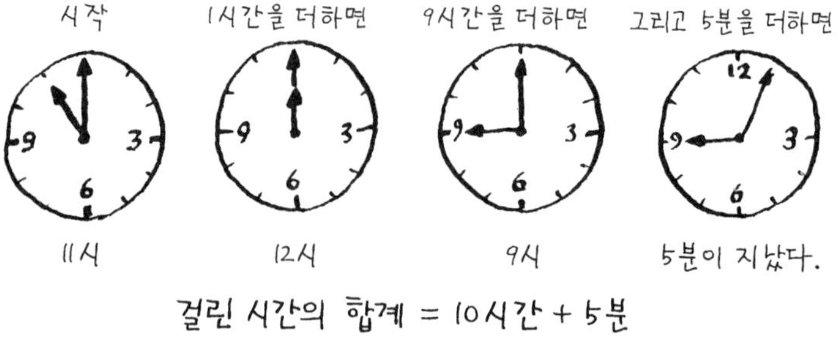

운 좋게도 면도날에게는 얼마나 항해했는지 알아보는 다른 방법이 있었다. 그때 바닷가를 따라 우르릉거리는 소리가 울려 퍼졌다.

"이런, 지금 네 배 속이 노래를 하는 거야, 삼겹살?" 위즐이 물었다.

"나도 어쩔 수 없다고." 삼겹살이 말했다.

"보트에 오르기 전에 먹은 것이라고는 롤빵 한 조각뿐이었다고."

"롤빵 한 조각에다 커다란 고기 조각도 먹었지." 반쪽 미소가 말했다.

"그 고기 조각은 냄새가 끝내주는 녀석이었어. 뭐라 말할 수 없을 정도로." 삼겹살이 말했다.

"네 배 속에서 나는 소리를 들어보면 얼마나 지났는지 알 수 있겠는데." 면도날이 말했다.

면도날은 삼겹살의 배에 귀를 바싹 갖다 댔다.

"지금 조그맣게 쉿쉿 소리가 들리고, 꾸르륵거리니까……, 그래, 알겠어! 10시간 10분이라고 우르릉거리네."

"어떻게 배 속에서 나는 소리를 듣고 알 수 있지?" 위즐이 깜짝 놀라며 말했다.

"그 정도쯤이야." 면도날이 삼겹살의 배를 손가락으로 쿡쿡 찌르며 말했다.

"삼겹살의 배 속 시계는 예쁘장한 시계처럼 거짓말을 하지는 않거든. 10시간 동안 아무것도 배 속으로 지나가지 않았다고 알려주는군."

"그럼 우리가 10시간 동안 배를 타고 있었다면, 한 시간에 8

마일을 가니까 80마일을 갔다는 소리군." 넘버스가 말했다.

"그럼 여기가 스킵포리지?" 위즐이 물었다.

그들은 모두 바다 건너 아무것도 보이지 않는 수평선을 바라보았다.

"내 생각엔 저기 뭐가 있어야만 할 것 같은데." 넘버스가 말했다.

"우리가 얼마나 멀리까지 볼 수 있지?" 위즐이 물었다.

"거 참 좋은 질문이군." 면도날이 말했다.

다음에 계속 …….

수평선은 얼마나 멀리 보일까?

여러분이 바닷가에 서서 바다 저편을 바라보면서 아래 표에 체크한다면 답을 빨리 구할 수 있다.

땅에서부터 눈까지의 높이	여러분의 키	수평선까지의 거리
1.2m	작다	3.91km(2.42마일)
1.5m	중간이다	4.37km(2.71마일)
1.8m	크다	4.78km(2.96마일)
5m	기린이다	8km(약 5마일)
30m	연에 매달려 있다	19.5km(약 12마일)

분명히 키가 큰 사람은 작은 사람보다 더 멀리 볼 수 있다. 여러분이 만약 키가 크지 않더라도 모래성을 쌓을 수는 있을 테니 그 위에 올라가도록 하자. 모래성을 30cm 정도 높이로 쌓으면 여러분은 400m정도를 더 볼 수 있다.

경고: 이 그림에 나오는 지구는 크기를 축소한 것이다.

보통 사람에게 보이는 수평선까지 거리 = 4.5km

등대지기는 더 멀리 볼 수 있다.

구멍에서 눈만 내놓고 보면 수평선이 보이는 거리는 0km.

수평선까지의 거리를 어떻게 구하지?

우리는 〈앗! 시리즈〉 팀의 특별한 수평선 공식을 쓰기로 했다.

* **$d = 3.57 \times \sqrt{H}$**

d = 거리, 수평선은 km로 나타내며, H는 땅에서부터 여러분 눈까지의 높이이다. 그러니까 땅에서부터 여러분의 눈까지의 높이가 1.5m라면 수평선까지의 거리는 $3.57 \times \sqrt{1.5} = 3.57 \times 1.225 = 4.37$km이다.

어떤 사람들은 $d = \sqrt{13H}$ 공식을 쓰기도 하는데 기억하기는 쉽지만 답은 1%정도 더 크게 나온다.

사기꾼 같으니라고! 누가 당신들의 수평선 공식을 믿겠어?
당신들은 한물 지난 걸 움켜쥐고는 보라고 그러는 거야.
내가 장담하지. 그러니 그만하라고!

점점 짜증이 나는군! 우리는 그저 한물 지난 것을 붙들고 있는 게 아니야. 증명해 보지. 우리는 26쪽에서 봤던 피타고라스의 정리로 수평선이 보이는 거리를 구할 거야. 먼저 직각 삼각형이 필요한데 이런 것을 바로 융통성 있는 생각이라고 해.

우선 지구의 중심에서부터 선을 두 개 긋는다. 하나는 발밑에 닿아 있고 다른 하나는 수평선까지 이어진다고 생각하자. 이 선들은 둘 다 지구의 반지름이 되며 길이는 약 6,370km이다. 이제 여러분의 눈에서 수평선까지 선이 그어졌다고 생각해 보자. 이 선의 길이가 바로 우리가 알고 싶어 하는 것인데, 지구의 곡선 부분에 접선을 그었다고 생각하면 이해하기 쉽다.

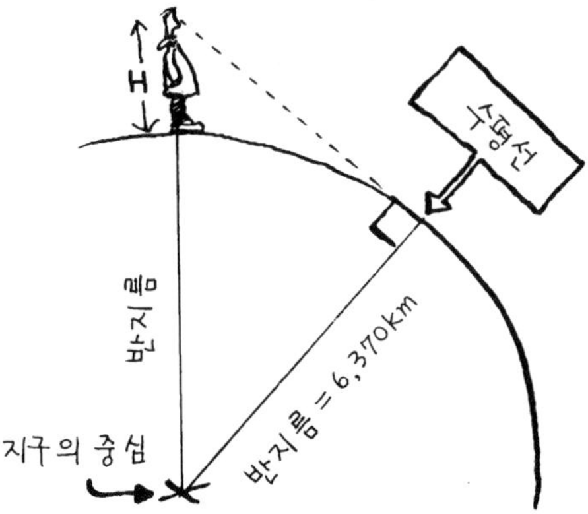

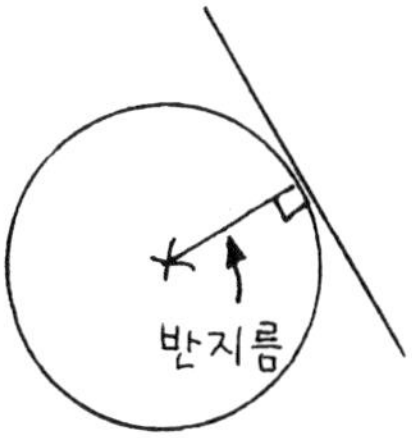

접선은 원과 한 점에서 만나는 선이다. 접선과 접하는 점을 지나는 반지름의 각도는 90° 이다.

직각 삼각형을 그려 보면 알 수 있다. 지구를 가져온다면 더 분명하겠지만.

r = 지구의 반지름, 약 6,370km

H = 지구에서부터 여러분 눈까지의 높이 = 1.5m

d = 수평선까지의 거리

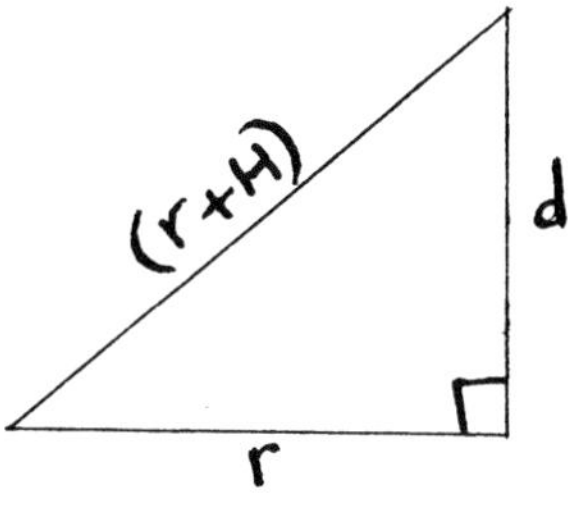

물론 실제 상황에서 H는 r에 비해서 아주 작기 때문에 삼각형은 이 모양과 더 비슷할 것이다.

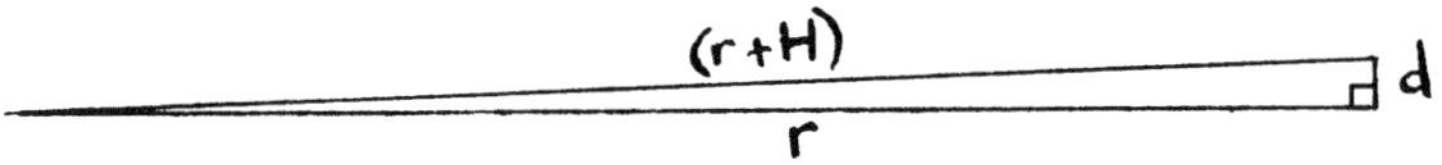

…… 아니 좀 더 길쭉하고 더 뾰족할 것이다.

먼저 (r+H)의 길이를 구해야만 한다. 우리는 H = 1.5m라고 알고 있는데, 다른 길이는 km로 나타낸다. 그러니까 H도 km로 바꿔야 한다. 1.5m를 1,000으로 나누면 H = 0.0015km가 된다. 이제 (r+H) = 6370.0015km가 되었다. 꼬리에 붙어 있는 0.0015km가 눈곱만 해 보이지만 나중에는 큰 차이를 만들어 낸다! 그러니 절대 놓쳐서는 안 된다.

피타고라스가 말하기를:

$6370^2 + d^2 = 6370.0015^2$

이렇게 바꿀 수 있다.

$d^2 = 6370.0015^2 - 6370^2$

이제 답이 나온다.

$d^2 = 40576919.11 - 40576900 = 19.11$

마침내 $d = \sqrt{19.11} = 4.37$km를 구했다. 우리 공식을 써서 구해도 똑같은 답이 나온다. 그러니까 공식이 맞는 거라고. 이제 됐지?

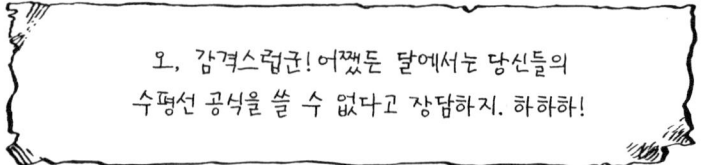

오, 감격스럽군! 어쨌든 달에서는 당신들의
수평선 공식을 쓸 수 없다고 장담하지. 하하하!

오, 좋아. 그것쯤이야. 약간만 바꾸면 되니까…….

달에서는 지평선이 어디까지 보일까?

달의 반지름은 1,737km밖에 안 되어서 다른 지평선 공식을 적용해야 한다.

*** d**(달의 경우) = **1.86** × $\sqrt{\mathbf{H}}$

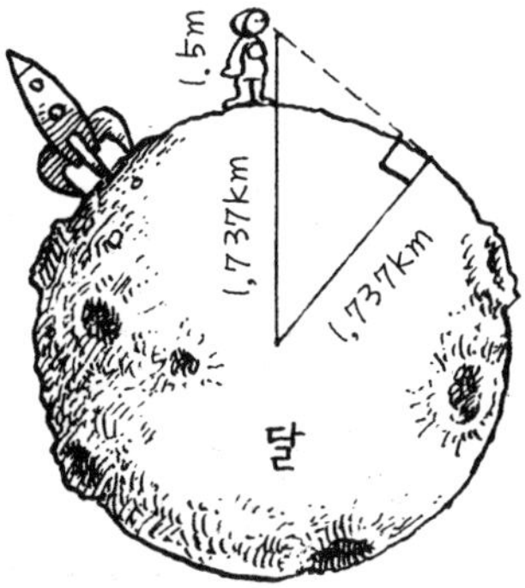

달에는 산도 없고, 분화구도 없고, 외계인이 버리고 간 차도 없고, 말하는 나무도 없어 완전한 공 모양이라고 치자. 그리고 여러분의 눈높이가 1.5m이고 지평선까지의 거리는 2.28km이다.

여러분 눈높이가 똑같다 해도 달에서 지평선을 볼 수 있는 거리는 지구의 반 정도일 것이다. 한 가지 좋은 점은 달의 중력이 지구 중력의 $\frac{1}{6}$이라서 펄쩍 뛰어오르면 3m 가까이 뛰어오를 수 있다는 것이다. 이렇게 하면 여러분의 눈높이는 3 + 1.5 = 4.5m가 된다. 이것을 공식에 톡 집어넣으면, 여러분이 뛰어올랐을 때에 거의 4km 떨어져 있는 지평선까지 볼 수 있다는 말씀. 얼마나 아름다운지, 사진기 가져가는 것을 잊지 말도록!

달은 얼마나 빨리 움직일까?

이것은 진짜 까다로운 문제이다. 여러분이 보기에는 달이 저 혼자 떠올라서 하늘을 가로질러가다가 다른 쪽으로 지는 것처럼 보일 것이다. 보름달이라면 하늘을 가로질러 가는데 20분정도 걸린다.

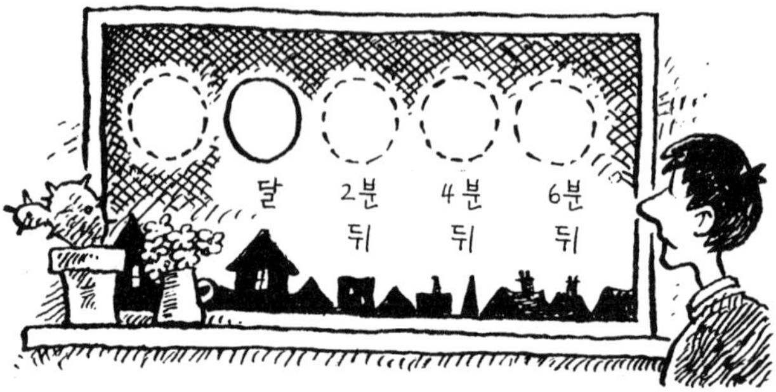

이런 속도로 움직인다면 지구를 한 바퀴 도는 데는 24시간이 걸린다는 얘기이다. 물론 달은 그렇게 빨리 움직이지 못한다. 지구가 돌고 있기 때문에 빨리 움직이는 것처럼 보일 뿐이다. 지구가 어딘가에 딱 붙어 있어서 전혀 움직이지도, 회전하지도 않는다면 달은 27.32일에 한 번씩 지구 둘레를 돈다. 이것을 달의 공전 주기, 즉 항성월이라고 한다. 이렇게 움직이려면 약 2,415,000km를 움직여야 하는데, 평균 속력이 1초에 1.023km이다.

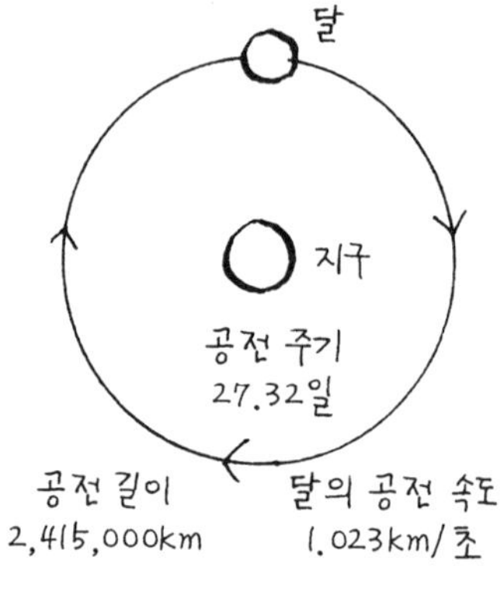

얼마나 자주 보름달을 볼 수 있을까?

달은 지구 둘레를 27.32일마다 한 번씩 돌고 있지만, 같은 시간에 지구도 태양을 돌고 있다. 이런 사실 때문에 좀 더 재미있고 복잡해진다!

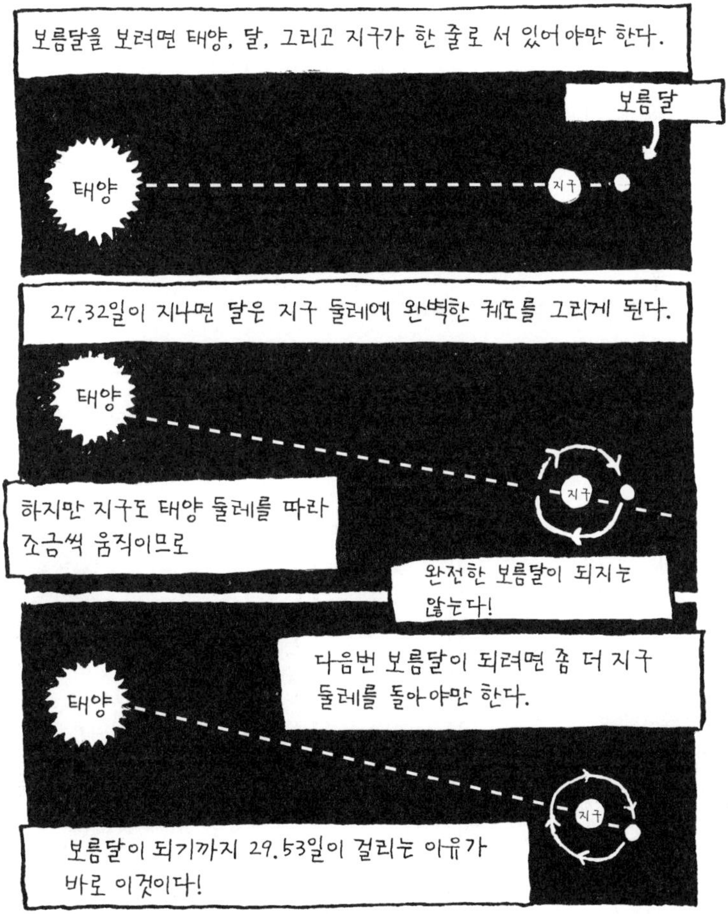

그래서 보름달이 되기 위해서는 29.53일이 걸리고 이것을 삭망월이라고 부른다.

파란 달은 얼마나 자주 나타날까?

파란 달은 같은 달에 두 번 보름달이 뜰 때 볼 수 있다. 예를 들어 2012년 8월 2일에 보름달이 뜨고 2012년 8월 31일에 두 번째 보름달이 뜨면, 이 두 번째 보름달을 파란 달이라고 한다.

보름달이 보이는 간격은 약 29.5일이고 한 달은 평균 30.5일이므로 파란 달은 30개월에 한 번 꼴로 나타나지만 규칙적이지는 않다. 가끔 한 해에 두 번 파란 달이 나타나기도 하는데, 이런 경우는 1999년 1월과 3월이 마지막이었고 다음으로 2018년 1월과 3월, 그 다음에는 2037년 1월과 3월에는 나타날 예정이다.

초록 달을 볼 수 있을까?

그럴 리 없다. 조그 행성에서 온 악마 골라크들이 초록 달을 침략했다. 골라크들은 그 달을 루나골이라고 불렀으며 속셈이 있는 게 틀림없다.

언제나 달의 반쪽은 빛을 받지만 다른 반쪽은 캄캄하다. 그럼 태양 전지판을 어디에 설치해야 할까? 태양 전지판은 반은 밝고 반은 어두우면 작동하지 않는다.

여러분 스스로 알아볼 수 있다. 달을 가져와서 반은 밝게 하고 반은 어둡게 하는 대신 오렌지를 반으로 잘라 보자. 자르기 전에 오렌지 위에 점 세 개를 찍어 놓으면, 오렌지를 어느 방향에서 자르더라도 점 하나는 어느 반쪽 위에 있지 않을까?

답은 '불가능하다' 이다! 여러분이 최선을 다해 할 수 있는 일은 오렌지의 가장 볼록한 둘레를 따라 점 세 개를 찍는 것이다. 오렌지를 반으로 자르면 점들도 모두 반으로 잘라질 것이다. 골라크의 태양 전지판도 마찬가지이다. 골라크들이 할 수 있는 일이라고는 달의 적도를 따라 태양 전지판을 설치하는 것이다. 그래도 루나골이 돌면 전지판 세 개는 모두 반만 빛을 받기 때문에 작동하지는 않는다.

룬 대왕과 기쁨 상자

어느 날 아침, 위대한 룬 대왕의 궁궐에 하트거드라는 보따리장수가 도착했다. 그 남자의 코트에는 주머니가 1,000개나 달려 있었다.

“오늘 나한테 팔 보잘 것 없는 물건들은 도대체 뭐냐?” 룬 대왕이 물었다. “나는 지금까지 만들어진 물건들을 모두 하나씩은 가지고 있어 더 이상 살 게 없기는 하겠지만.”

“하지만 이걸 보십시오. 위대한 왕이시여.” 하트거드가 672번 주머니에서 작은 상자를 하나 꺼내며 말했다. 왕이 뚜껑을 열어 보려고 손을 내밀자 하트거드가 상자를 홱 가져갔다.

“조심하십시오! 이건 신기한 기쁨 상자입니다. 이 상자를 열기 전에 상자의 조건을 아셔야만 합니다.”

"조건이라고?" 왕이 물었다.

"가격은 1,000타르프이고, 돈을 내셔야만 왕께서 가져가실 수 있습니다. 이 상자가 전하의 것인 동안에는 내딛는 발자국마다 꽃이 피어날 것이고 그림자는 어둠 속에서도 빛이 날 것입니다. 목소리는 너무나 아름다워져서 산마저도 미소를 짓게 만들 것입니다."

왕은 솔깃하여 눈썹을 치켜 올렸다.

"그럼 내가 그걸 사겠다."

"하지만 주의할 게 있습니다! 1년이 되기 전에 그 상자를 다시 팔아야만 합니다. 그리고 값은 왕께서 내신 것보다 더 적게 받아야만 합니다."

"팔지 못한다면?"

"그럼 영원한 저주가 전하와 전하의 가족들에게 내릴 것입니다. 악마가 전하의 말들을 먹어 치울 것이며 전염병이 돌아 가족들을 몰살시킬 것이고, 전하의 이는 달팽이로 변할 것입니다."

위대한 왕은 위대한 손가락으로 위대한 볼을 긁적였다. 기쁨 상자에는 마음이 끌렸으나 저주는 내키지 않았다. 하지만 1,000타르프보다 싸게 팔 수 있다면 저주는 피할 수 있다는 뜻이 아닌가?

"무슨 생각하시는지 알겠습니다." 하트거드가 말했다.

"하지만 상자 값은 자연수가 되게 팔아야만 합니다. 분수로는 안 됩니다. 그리고 전하는 물건을 사는 사람에게도 기쁨의 해가 지나가기 전에 팔아야 한다고 알려 줘야 합니다."

왕이 한숨을 쉬었다. 꽃이 피어나는 발자국과 빛나는 그림자, 아름다운 목소리는 애타게 기다려왔던 것이지만 왕은 보따리장수에게 물러가라고 손짓했다.

왕은 왜 기쁨 상자를 사지 않았을까?

답:

그 상자를 산 사람은 누구든지 자신이 치른 값보다 싸게 팔아야만 한다. 그러므로 아무도 그 상자를 1타르프를 주고 사지는 않을 것이다. 이 말은 누군가 2타르프를 주고 상자를 산다면 그것을 다시는 팔 수 없다는 뜻이다. 그러므로 아무도 그 상자를 2타르프를 주고 사지는 않을 것이고, 팔 수 없기 때문에 아무도 3타르프를 주고 사지도 않을 것이다. 왕은 계속 이런 식으로 이어질 줄 알았으며, 그러니 아무도 그 신비한 상자를 어떤 값을 주고도 사지 않을 것이다.

헷갈리는 달력!

왜 서로 다른 달력이 14개나 될까?

퐁고가 같은 달력을 다시 사용하려면 얼마나 기다려야 할까?

대부분 달력에는 365일이 표기되어 있다. 364일이라면, 7로 나누면 1년에 정확하게 52주가 있는 것이라서 1월 1일이 언제나 같은 요일이 될 것이다. 하지만 365 ÷ 7을 하면 52주 하고도 하루가 더 남는다. 하루가 더 있기 때문에 올해 1월 1일이 월요일이라면 내년 1월 1일은 화요일이 된다. 보통의 해에 서로 다른 요일로 시작하는 달력이 7개 있는 이유가 이것이다.

하지만 4년에 한 번씩 하루가 더 늘어나는 바람에 좀 더 복잡해진다. 이것을 윤년이라고 부르는데, 1월 1일이 월요일이라면 다음해 1월 1일은 수요일이 된다. 윤년도 각각 다른 요일로 시작하는 7가지 종류의 달력이 있어야 하므로 모두 더해서 14가지 달력이 필요하다.

지나간 달력은 언제 다시 사용할 수 있을까?

28년 동안 일반 달력 7개는 3번씩 사용하게 되고, 윤년 달력 7개는 1번씩 쓰게 된다. 이 규칙이 바뀌는 것은 딱 한 번, 새로운 세기가 시작될 때이므로 나중에 걱정해도 된다.

윤년은 왜 생겼을까?

지구는 $365\frac{1}{4}$일에 한 번 태양 둘레를 돈다. 우리의 달력은 1년이 365일로 되어 있으므로 약 700년이 지나면 $700 \times \frac{1}{4}$ = 175일로, 하늘에 있는 지구의 위치보다 175일 앞서가게 된다. 이 말은 1월에 7월의 날씨가 된다는 뜻으로 눈사람은 매우 당황스러울 것이다.

여러분이 오스트레일리아에 살고 있다면 이 농담은 맞지 않는 말이다. 오스트레일리아는 1월에 겨울이 아니라 여름이 시작되니까.

아무튼 이와 같은 이유로 기원전 46년, 로마의 황제 율리우스 카이사르는 4년에 한 번씩 하루가 늘어나는 '율리우스력'을 모든 사람이 쓰도록 했다. 그러자 모든 것이 꽤 잘 돌아가는 것 같았다.

하지만 불행하게도 지구가 태양 둘레를 도는 데 정확하게 $365\frac{1}{4}$일이 걸리는 것이 아니다. 365일에 5시간 49분이 더 있는 것이다. 1582년에 이탈리아 천문학자 알로이시우스 릴리우스는 400년마다 2월 29일을 세 번 빼 버리면 지나쳐 버린 11분을 조절할 수 있다는 계산을 했다. 그래서 그는 그 해가 100으로 나눠지면 윤년이 아니고, 400으로 나눠지면 윤년으로 하자고 했다. 그러니까 2100년은 윤년이 아니고 2000년은 윤년이 되는 것이다. 이 새 달력은 교황 그레고리 13세가 모든 사람들에게 쓰도록 한 뒤부터 '그레고리력'이라고 알려졌다. 불쌍한 릴리우스, 이런 어려운 계산을 해 놓고도 달력에 자기 이름도 쓰지 못하다니. 대신 달에는 그의 이름을 딴 '릴리우스 분화구'가 있다.

2월 30일이 있을까?

그렇다! 어떤 나라에서는 교황이 말한 방식을 아주 빠르게 실행했다. 2월 29일이 너무 많아서 10일 차이가 나는 것을 달력에서 빼 버리기로 한 것이다. 1582년 이탈리아와 스페인, 포르투갈은 10월 4일에서 15일로 건너뛰었다. 생일이 10월 5일이었다면 그해는 생일을 못 챙겼을 것이다. 프랑스와 다른 가톨릭 국가들도 곧 이를 따랐다.

하지만 몇 년이 지나도 그레고리력을 쓰지 않는 나라들이 많았고, 오랫동안 사람들은 같은 날인데도 서로 다른 날짜를 쓰고 있었다. 영국은 1752년에 달력을 바꾸면서 11일을 빼 버렸다. 9월 2일 저녁에 잠자리에 들었는데 다음날 아침이 9월 14일이 된 것이다. 가장 헷갈리는 달력에 상을 준다면 그것은 바로…… 스웨덴이다!

실제로는 11일이야.
올해도 2월 29일까지
있으니까 ….
달력
1700년
나도 알아!
천천히 하자는 거지!
우리가 따라잡을 때까지
2월 29일을 없애
버리면 돼.
1740년
까지
그래야
할 걸.
11년 뒤…….
교황이 1711년
3월 21일이라고
했대.
1711년 3월 11일인데.
아니! 1704년과 1708년에는
2월 29일이 있었으니까
그것들도 빼야 해!
영국에서는
3월 10일이야.
그래,
나는 3월 13일인데.
난 포기할래!
누구 정확한
날짜를
아는 사람?
태양이 오늘 정확하게
적도 위에 있었으니까
춘분이야.
3월 21일이라는 뜻이지.
우리가 빼
버려야 할 윤년을
그대로 뒀다면
날짜는 30년이
지나야 태양력과
맞아떨어질 거야!

지금까지 봤던 것은 모두 사실이다. 미치광이들이나 할 법한 일인 것 같지만 사실이다. 역사에서는 2월 30일이 있는 또 다른 경우도 있었다. 모든 달이 같은 날짜로 이루어지도록 하는 실험을 한 나라 때문이었다. 하지만 스웨덴은 한 해만 불규칙하게 2월 30일이 있었다. 그럼 스웨덴 사람들이 조금 더 나은 건가? 그것은 여러분 스스로 판단해 보자.

일요일이 다섯 번 있는 2월은 언제일까?

2월 29일이 일요일인 날은 28년에 한 번 돌아온다. 그해가 윤년이고 1월 1일이 목요일이라면 2월에 일요일이 다섯 번 있다. 2004년이 마지막이었고, 2032년이 그 다음 차례이다. 그 다음 번은 여러분이 따져 보시길!

13일의 금요일은 얼마나 종종 있을까?

간단하게 계산하는 방법이 있다. 일주일은 7일이니까 그달의 13번째 날이 금요일이 되는 확률은 $\frac{1}{7}$이다. 28년 동안 13일이 금요일인 것은 48번이다. 달력으로 계산해 보면 1년에 적어도 한 번은 13일이 금요일이고 3번을 넘지 않는다.

실제로 13일이 금요일이라면 약간 으스스하다. 여러분이 실제로 계산해 보고 싶다면 그레고리력이 400년 동안 윤년을 3번 뺀다는 것을 고려해야 한다. 그래서 400년 동안 2월 29일이 97번 있었다. 그러니까 $400 \times 365 + 97 = 146{,}097$일이다. 이것은 7로 나누어떨어지니 요일이 불규칙하게 나타나지 않고 정해졌다는 뜻이다. 400년 동안에 $400 \times 12 = 4{,}800$개월이 있고 다음과 같이 나온다.

13일이 토요일인 경우가 684개월,
13일이 일요일인 경우가 687개월,
13일이 월요일인 경우가 685개월,
13일이 화요일인 경우가 685개월,
13일이 수요일인 경우가 687개월,
13일이 목요일인 경우가 684개월,
…… 그리고 13일이 금요일인 것은 688개월 동안이다!

그러니까 13일이 금요일인 경우가 다른 요일보다 아주 조금 더 많다는 뜻!

13일의 금요일에는 왜 좋지 않은 일이 일어날까?

13일의 금요일을 두려워하게 된 것은 겨우 200년 전부터이다. 하지만 왜 시작되었는지는 확실히 모른다. 그저 오래전부터 많은 사람들이 금요일에는 운이 없다고 생각했고, 어떤 상인은 금요일에 물건을 팔지 않기도 했다. 굳이 금요일이 아니라도 13일은 운이 없는 날로 여겼으며, 금요일과 13일이 딱 겹치는 날은 그 정도가 더욱 심했다. 신기한 것은 13일이 금요일일 때는 오히려 교통사고나 범죄가 조금 덜 일어난다는 사실이다. 이는 사람들이 조금 더 조심하기 때문일 것이다!

13일의 금요일에 좋지 않은 일이 일어나는 것과 관련된 재미있는 이야기가 있다. 이야기는 금요일(Friday)이라는 이름을 따왔다는 고대 노르웨이의 여신 프리가가 주인공이다. 기독교인들이 프리가를 마녀라고 부르며 산꼭대기로 내쫓자 복수심에 불탔던 그녀는 금요일마다 마녀 11명과 악마 2명, 즉 13명을 불러 다음 주에 일어날 온갖 나쁜 일들을 계획하고 실천했다.

올해 내 생일은 무슨 요일일까?

요일을 계산하는 것은 진짜 지루하다. 수없이 많은 7을 계산하고, 그 달이 31일인지도 기억해야 하니까. 하지만 존 콘웨이라는 천재가 신기하면서도 손쉬운 방법을 알아냈다.

한 해 동안 실마리가 되는 날들이 열흘이 있는데, 이 날은 모두 요일이 같고 기억하기도 어렵지 않다! 그 날짜는 다음과 같다.

4월 4일, 6월 6일, 8월 8일, 10월 10일, 12월 12일, 5월 9일과 9월 5일, 7월 11일과 11월 7일이 그것이다.

마지막 실마리가 되는 날짜는 2월의 마지막 날로 윤년이라면 2월 29일이고, 그렇지 않으면 2월 28일이다.

오늘이 5월 15일이고, 화요일이라고 생각해 보자. 11월 18일은 무슨 요일일까? 5월 15일에 가장 가까이 있는 실마리가 되는 날은 5월 9일이니까 우리가 뭘 해야 할지를 알 것이다. 5월 15일에서 시작하여 7을 빼면 5월 8일이고 화요일이다. 그럼 실마리가 되는 날짜인 5월 9일은 수요일이다. 따라서 11월 7일도 수요일이고 7을 더해서 나오는 11월 14일도 수요일, 그 다음에 나오는 15일은 목요일, 16일은 금요일, 17일은 토요일, 18일은 일요일이다. 이 방법을 익히는 데는 몇 초밖에 걸리지 않는다.

한편 3월의 요일을 알아야 한다면 11월에서 같은 요일을 기억해 두면 간편하다. 11월 7일은 3월 7일과 같은 요일이다.

1월이나 2월은 조금 더 까다롭다. 2월 28일은 1월 31일, 1월 3일과 언제나 같은 요일이다.

31일까지 있는 달을 기억하는 방법

주먹을 쥐고 두 손을 내밀어 보자. 관절이 튀어나온 부분과 움푹 들어간 부분에 차례대로 각 월을 쓴다고 생각해 보자. 튀어나온 부분에 쓴 달이 31일까지 있는 달이다!

가장 작은 단위는?

1m에서 시작해서 계속 1,000으로 나눠 보자. 아주 짧은 길이를 나타내는 단위 이름들이 모두 등장한다. 이 짧은 길이를 소수로 표시하면 0을 양동이 가득 담아야 할지도 모른다. 그러지 않으려면 '음'의 거듭제곱을 사용하면 쉽게 해결된다. 어떻게 하는지 보자.

10^{-3}은 $\frac{1}{10^3}$이라는 뜻이고, $\frac{1}{10\times10\times10}$이므로, $\frac{1}{1000}$ 또는 0.001이 된다.

<table>
<tr><th>이름</th><th>어떻게 쓰지?</th><th>소수</th><th>거듭제곱</th><th>길이는 어느 정도일까?</th></tr>
<tr><td>미터</td><td>1m</td><td>1</td><td>1</td><td>허리띠 길이</td></tr>
<tr><td>밀리미터</td><td>1mm</td><td>0.001</td><td>10^{-3}</td><td>손톱 두께 정도</td></tr>
<tr><td>마이크로미터</td><td>1㎛</td><td>0.000001</td><td>10^{-6}</td><td>박테리아의 몸길이</td></tr>
<tr><td>나노미터</td><td>1nm</td><td>0.000000001</td><td>10^{-9}</td><td>바이러스는 보통 10~300nm 정도</td></tr>
<tr><td>피코미터</td><td>1pm</td><td rowspan="6">이 단위들에는 0이 무척 많이 나온다. 함께 뒤엉켜 있던 0들은 지루해 지자 구멍을 파고 탈출했다.

</td><td>10^{-12}</td><td>가장 작은 원자의 크기가 약 50pm정도</td></tr>
<tr><td>펨토미터</td><td>1fm</td><td>10^{-15}</td><td rowspan="5">이 단위들이 쓸모없어 보이겠지만 이것들 중 하나는 책 뒷부분에서 답이 된다.</td></tr>
<tr><td>아토미터</td><td>1am</td><td>10^{-18}</td></tr>
<tr><td>젭토미터</td><td>1zm</td><td>10^{-21}</td></tr>
<tr><td>약토미터</td><td>1ym</td><td>10^{-24}</td></tr>
</table>

여러분이 마이크로미터 기호를 보고 인쇄가 잘못된 것 같다고 생각했다면, 그건 '뮤' 라고 읽는 그리스 문자 'μ' 를 봤다는 뜻이다. 인쇄기는 멀쩡하니까 걱정 마시길.

약토는 8을 뜻하는 그리스 낱말 'octo' 에서 따온 말이다. 1미터를 1,000으로 나누기를 8번 하게 되면 1약토미터를 구할 수 있다. 답이 나오면 잃어버리지 않도록 조심해야 한다. 엄청나게 작으니까.

여러분이 분광학에 약간 관심이 있다면 10^{-10}m인 옹스트롬과 만나게 된다. 10옹스트롬은 1nm이다.

분광학은 빛이 어떤 신비한 화학 작용을 일으키는지, 색이 빛을 흡수하는지 반사하는지 정확히 알아내는 학문이다. 간단한 예를 들면 다음과 같다.

그럼 가장 큰 단위는 뭘까?

이번에는 1m에서 시작해서 1,000을 계속 곱해 나가 보자.

이름	어떻게 쓰지?	수	거듭제곱	길이는 어느 정도일까?
미터	1m	1	1	키 큰 사람의 다리 길이 정도
킬로미터	1km	1,000	10^3	축구장을 세 바퀴 도는 거리
메가미터	1Mm	1,000,000	10^6	런던에서 에든버러까지 왕복하는 거리
기가미터	1Gm	1,000,000,000	10^9	적도를 5바퀴 돌고 나서 달까지 왔다 갔다 하는 거리
테라미터	1Tm	이럴 수가! 탈출한 0들이 모여드는 것 좀 봐. 1,000,000,000,000	10^{12}	지구가 1년에 한 번 태양 둘레를 도는 거리
페타미터	1Pm	1,000,000,000,000,000 1,000,000,000,000,000,000 1,000,000,000,000,000,000,000	10^{15}	9.5 페타미터 = 1광년(빛이 1년 동안 간 거리)
엑사미터	1Em		10^{18}	퐁고가 키스하려고 할 때에 베로니카가 퐁고에게서 달아나는 거리?
제타미터	1Zm		10^{21}	
요타미터	1Ym		10^{24}	

우주에서 가장 긴 것은 얼마나 될까?

1,000약타미터.

사실 우리도 분명히 알지는 못한다. 1,000Ym가 이 끝에서 저 끝까지 얼마나 될지 그저 추측해 볼 뿐이다. 하지만 이를 좀 더 알아보면 다음과 같다.

- 아마 우리가 볼 수 있는 가장 먼 거리일 것이다. 우주는 틀림없이 좀 더 클 텐데 우주의 빛나는 수평선 때문에 망원경으로는 더 이상 멀리 볼 수 없다. 그래! 이것은 여러분이 바다를 바라볼 때 지구가 둥글어서 수평선 너머를 볼 수 없는 것하고 비슷하다. 우주가 둥글기 때문에 망원경으로 하늘을 볼 때에 볼 수 있는 거리는 제한되어 있다. 이것은 복잡한 것이라서 여러분의 두뇌를 손상시킬지도 모르니까 다음으로 넘어가자.
- 우주가 늘 조금씩 커진다고 말하는 사람도 있다. 사실 우주의 끝은 우리가 모르는 사이에 빛의 속도로 우리로부터 조금씩 멀어지는 것이 틀림없다. 하지만 우리가 끝을 볼 수 없다면 그것이 움직인다는 것을 어떻게 알 수 있지? 이크! 다시 옮겨 갈 시간이군.
- 어떤 사람들은 우주는 끝이 없다고 한다. 우주는 영원히 이어질 것이다.

우리가 볼 수 있는 우주의 한 조각을 우리는 관찰 가능한 우주라고 하며 그것이 진짜 있다고 한다면 약 1,000Ym이다. 그것은 1,000,000,000,000,000,000,000,000,000m이다. 꽤 크다고 생각하겠지만 더 끔찍한 녀석이 있다. 나중에 우주를 아주 작은 것으로 보이게 하는 무언가를 만나게 될 것이다!

광년이 뭐지?

빛이 1년 동안 움직인 거리를 광년이라고 한다. 별이나 다른 은하계가 얼마나 멀리 떨어져 있는지 재는 데 미터를 쓴다면 0이나 10의 거듭제곱으로 꽉 찰 것이다. 광년을 쓰면 간단해진다.

- 1광년 = 9,500,000,000,000,000m

1광년 안에 얼마나 많은 '0'이 있는지를 알면 쉽게 기억할 수 있다. 95 뒤에 '0'이 14개 있다. 이것은 9+5 = 14로 기억하면 쉽다.

- 1광년 = 9,500,000,000,000km

그리고 킬로미터를 마일로 바꾸고 싶다면 9와 5자리를 바꾸기만 하면 된다.

- 1광년 = 5,900,000,000,000마일

1광년을 기억하는 또 다른 방법은 10조 킬로미터보다 작다는 것을 잊지 않는 것이다. 우리에게서 가장 가까운 항성은 태양을 제외하고는 켄타우루스 자리의 프록시마 항성으로 4.2광년 떨어져 있다. 약 40,000,000,000,000km로 40조 킬로미터라고 읽는다. 어때 역시 기대를 저버리지 않지?

눈으로 볼 수 있는 별 중 가장 먼 별은 뭘까?

그것은 2500000광년 떨어진 안드로메다 은하계이다. 맑은 날, 어두운 밤하늘을 보면 조그만 하얀 얼룩처럼 생긴 것을 볼 수 있다. 뭐 이렇게 지루한 얘기를 하냐고 생각한다면 그냥 상상만 해 보자. 여러분은 지금 2500000년 전에 나타난 것을 찾고 있는 것이다. 은하계가 여러분에게 빛을 보내는데 그만큼의 시간이 걸린다는 뜻이다. 이번 주에 근사한 색깔들로 빛나기 시작했다면 우리가 그 색깔을 보기까지 2500000년의 시간이 지났다.

정말 끔찍한 것은 안드로메다 은하계에 사는 누군가가 지금의 우리 모습을 찾고 있다 해도 그들은 막 직립 보행을 시작한 아프리카에 사는 유인원만 볼 수 있다는 사실이다. 그들의 앞발은 서서히 손으로 진화하고 있고, 그들이 가장 최근에 만들어 낸 도구는 저녁거리를 자를 수 있는 뾰족한 돌조각이다. 우리는 2500000년 전에 이러고 있었다!

참말을 하는 거짓말쟁이가 있을까?

어느 날, 도끼족 우르굼이 참거짓 탑을 지나가고 있을 때에 어떤 목소리가 그를 불러 세웠다.

"우르굼! 도와줘, 날 구해 줘!"

우르굼이 올려다보니 탑 위쪽 창문에 친구인 수학 마법사 태그가 있었다. 우르굼은 가지고 있던 커다란 도끼를 꺼내서는 크게 외쳤다.

"걱정 마, 태그. 내가 들어가 구해 줄 테니!"

"안 돼, 멈춰!" 태그가 소리를 질렀다.

"경비원을 조심해!"

우르굼은 탑으로 들어가는 두 개의 문 앞에 서 있는 덩치 작은 경비원 두 명을 보았다.

"하!" 우르굼이 코웃음을 쳤다.

"하나도 겁 안 나거든!"

"하지만 그 문을 통과할 수 있는지 물어봐야 해! 문 하나는 안전하지만 다른 문은 기다란 꼬챙이가 박혀 있고 펄펄 끓는 독극물이 가득 찬 시커먼 구덩이로 빠지게 된다고."

"괜찮아!" 우르굼은 이렇게 말하더니 문 하나를 가리켰다.

"이 문은 안전한가?" 이렇게 묻더니 일부러 무섭게 보이려는 듯이 으르릉 소리를 냈다.

"네." 한 경비원이 말했다.

"아니요." 또 다른 경비원이 말했다.

"무슨 소리야?" 우르굼은 숨이 막히는 것 같았다.

태그가 위에서 소리쳤다.

"한 녀석은 언제나 참말만 하고, 한 녀석은 언제나 거짓말만 해!"

"그래?" 우르굼이 험악하게 도끼를 휘두르며 말했다.

"누가 말한 게 사실이야?"

"나요!" 둘 다 자신을 가리키며 말했다.

"우와! 좋아, 너희들 중 누가 거짓말쟁이야?"

"얘요." 경비원은 서로를 가리키며 말했다.

"오, 안 돼!" 우르굼이 말했다.

"어느 문이 안전한지 어떻게 알아내지?"

"딱 한 가지 방법이 있어." 태그가 큰 소리로 말했다.

"문 하나를 고르고, 경비원 하나를 골라서, 마법의 질문을 해. 다른 경비원이 이 문을 안전하다고 하는지 아니면 안전하지 않다고 하는지?"

마법의 질문을 하면 어떻게 되는지 알아보자.

답이 '안전하다'이면 그 문이 함정에 빠지는 문이다.

답이 '안전하지 않다'이면 그 문이 안전한 문이다!

마법의 질문은 경비원 둘이 말한 것을 분명하게 가려낸다. 한 경비원이 사실을 말하면 다른 경비원은 거짓을 말하기 때문에 답은 틀림없이 거짓이다. (+1) × (−1) = (−1) 과 같은 이치이다.

우르굼이 어떤 문을 골라야 하는지 물어볼 때에 어떤 경비원이 대답할지는 모른다. 그러므로 가능성은 4가지가 되는데, 그것은 중요하지 않다. 답은 언제나 거짓말일 테니까.

곧 우르굼은 탑 안으로 들어갔고 계단을 뛰어 올라가자 작은 문이 보였다. 손잡이를 돌렸지만 잠겨 있었다. 하지만 그 정도야 도끼족 우르굼에게는 아무것도 아니었다. 한 번 도끼를 휘두르자 문짝은 성냥개비처럼 부서졌다.

"널 꺼내러 왔어, 태그!" 우르굼이 말했다.

"누구한테 하는 말이지?" 어떤 여자의 목소리가 뿌연 수증기 사이로 들려왔다.

"난 지금 목욕하는 중이야."

"이런, 미안!" 우르굼이 당황해서 얼굴을 붉히며 눈을 가렸다.

"너냐, 우르굼?" 수학 마법사의 목소리가 저 멀리 복도 아래에서 들려왔다.

"난 여기 있어."

우르굼은 복도를 달려가서 빗장이 걸려 있는 두 번째 문을 찾아냈다. 우르굼이 순식간에 문을 열자 안에서 기다리던 태그가 무척 반겼다.

"가자!" 태그가 우르굼이 왔던 길로 이끌었다.

"어…… 그 길은 안 돼." 우르굼이 얼굴을 붉히며 말했다.

"다른 길이 있는지 보자."

그들은 곧 아래로 내려가는 다른 계단을 찾아냈다. 아래까지 가자 두 개의 문이 더 있었다.

"하나는 밖으로 나가는 문이고 다른 하나는 또 함정에 빠지는 문이야!" 태그가 말했다.

"어느 게 안전하지?" 우르굼이 물었다.

우르굼은 독극물에 빠지거나 꼬챙이에 찔리는 것은 둘 다 싫었다. 또 목욕탕으로 불쑥 들어가고 싶지도 않았다.

그때 다른 경비원이 다가왔다.

"어서, 저 경비원을 붙잡아." 태그가 말했다.

"그리고 저 문에 대해서 물어 봐."

"너 거짓말쟁이야?" 우르굼이 경비원에게 물었다.

"아니." 경비원이 대답했다.

"휴." 우르굼이 말했다.

"일이 쉽게 풀리겠군!"

"아니야, 그렇지 않아." 태그가 말했다.

"그 경비원은 누가 거짓말쟁이인지도 거짓으로 말할 수 있다고."

"다시 마법의 질문을 해 봐."

태그는 고개를 저었다. "그건 쓸 수 없어. 그렇게 하려면 경비원이 두 명 모두 있어야 해. 하지만 알아낼 수 있는 마법의 질문이 또 있긴 하지."

여러분은 우르굼이 뭐라고 물어봤는지 알겠는가?

답:

우르굼은 문 하나를 고른 다음에 경비원에게 이렇게 물어보면 된다.

"내가 이 문이 안전하냐고 묻는다면 너는 안전하다고 대답할 거야?"

경비원이 참말을 하든 거짓말을 하든 그것은 상관없다. 우르굼은 뭐가 맞는지 알아낼 수 있을 테니까!

경비원이 참말을 한다면 어찌 되었든 우르굼은 바른 답을 듣게 될 테니 문제될 것이 없다.

경비원이 거짓말을 한다면, 두 가지 질문을 해서 경비원이 거짓말쟁이임을 알 수 있다. 그 질문은 "저 문은 안전한 거야?"와 "너는 안전하다고 대답할 거야?"이다.

만약 안전한 문이라면, 거짓말쟁이는 처음 질문에 "아니."라고 대답할 것이다. 하지만 다음 질문인 "안전하다고 대답할 거야?"라는 질문에는 "네."라고 대답할 것이다.

그 문이 함정에 빠지는 문이라면, 거짓말쟁이는 처음 질문에는 "네."라고 대답하고 다음 질문인 "너는 안전하다고 할 거야?"에는 "아니오."라고 할 것이다.

물살에 떠밀려 목적지로부터 얼마나 멀어졌을까?

장소 : 태평양 어딘가

날짜 : 1929년 8월 31일

시간 : 오전 10시 20분

우르릉거리는 소리와 털털거리는 소리, 철썩이는 소리가 나면서 배의 엔진이 걸리는 듯하다가 다시 멈춰 버렸다.

"이거 안 되겠어, 면도날." 반쪽 미소가 조종실에서 소리쳤다.

"기름이 떨어진 것 같아."

다른 여섯 남자는 바닷가에서 그저 바라보기만 하고 있었다.

"이제 우리 어떻게 하지?" 위즐이 말했다.

"우린 여기 갇혔어. 게다가 우리는 여기가 어디인지도 모르고 있다고."

면도날은 체념한 듯 주위를 둘러보았다. 여태껏 가 봤던 곳 중에서 가장 이상한 곳이었다. 표지판도 없고, 건물도 없고, 거리의 불빛도 없었다. 그저 길다란 만을 둥글게 돌아가며 이어지는 모래밭이 있고, 끝에는 높은 절벽이 있을 뿐이었다.

"저 절벽 위로 올라가 보면 어떨까? 뭐가 보이지 않을까?"

"내가 가 볼게." 한 손가락 지미가 말했다.

"내가 등산을 좀 해 봤거든."

"좋아. 하지만 네가 올라가 본 데라고는 배수관뿐이었잖아. 남의 집에 들어가려고." 위즐이 말했다.

"그러니까 내가 배수관을 찾아낼 거라고." 지미가 말했다.

"틀림없이 배수관이 있을 거야. 배수관이 없는 데는 본 적이 없다고."

남자들은 모두 그렇다는 뜻으로 고개를 끄덕였다. 어디든지 배수관은 있다. 지미가 떠나고 나서 반쪽 미소가 배 안에서 종이 한 장을 흔들며 나왔다.

"이것 봐, 내가 사물함에서 찾아낸 걸 보라고!"

"그거 먹을 거야?" 삼겹살이 기대에 차서 말했다.

"아니, 해류도야."

"오, 잘됐군!" 삼겹살이 웃었다.

"그거 보물 지도 같은데, 보물이 없다면 미역이나 다시마라도 있겠지? 난 미역과 다시마를 좋아해. 해조류라면 몇 톤이라도 먹을 수 있어."

"해조류가 아니라 해류를 말하는 거야, 이 얼간아." 반쪽 미소가 물을 튀기면서 바닷가로 걸어오며 말했다.

"이건 바닷물이 어떻게 흘러가는지 보여주는 거야. 여기가 어디인지 알아낼 수 있을지도 몰라."

"너희들이나 해 봐." 삼겹살이 말했다.

"나는 죽기 전에 뭐라도 먹어야겠어." 삼겹살은 바닷가 뒤쪽에 있는 숲을 향해 뒤뚱뒤뚱 걸어갔다.

"이 쓰레기 같은 데서 뭘 바라는 거야?" 전기톱이 소리쳤다.

"호두라도 있을 것 같아? 벌레나 나올걸?"

"그야 모르지." 대답이 들려왔다.

"그래도 뭐라도 있을 거야."

다른 남자들은 반쪽 미소가 찾아낸 해류도를 보려고 빙 둘러섰다.

"여기 잘 나와 있군." 면도날이 말했다.

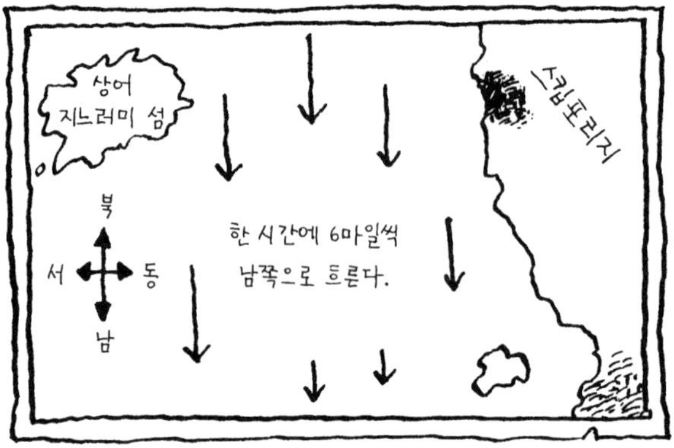

"우리가 스킵포리지를 향하고 있을 때에 바닷물은 남쪽으로 흘러가고 있어."

"이 지도는 별로인데." 위즐이 말했다.

"커다란 빨간 점은 어디 있지?"

"커다란 빨간 점이 왜?"

"보통 커다란 빨간 점에 '여러분은 여기 있습니다!' 라고 씌어 있잖아. 시내 한가운데 붙은 지도에 보면 언제나 빨간 점이 있어. 지도들이 다 그렇지 않아?"

"여기 화살표가 있다." 면도날이 말했다.

"상어 지느러미 섬이 여기 있어. 우리는 스킵포리지를 향해서 80마일을 항해했고, 그럼 남쪽으로 흐르는 물결을 따라 우리는 얼마나 밀려온 거지?”

물이 흘러가지 않는다면 배는 똑바로 남쪽으로 80마일을 항해할 것이다. 지도를 보면 오른쪽으로 길게 화살표가 표시되어 있다. 화살표는 거리와 방향을 표시하는데 이런 것을 벡터라고 한다.

엔진이 배를 동쪽으로 밀어내는 것과 동시에 물살은 배를 남쪽으로 밀어낸다. 배가 10시간 동안 움직이고 있을 때에 물살은 배를 남쪽으로 얼마나 밀었을까? 물살의 속력이 한 시간에 6마일을 가기 때문에 거리는 6마일/시간 × 10시간 = 60마일이다. 지도를 보면 또 다른 화살표가 있다.

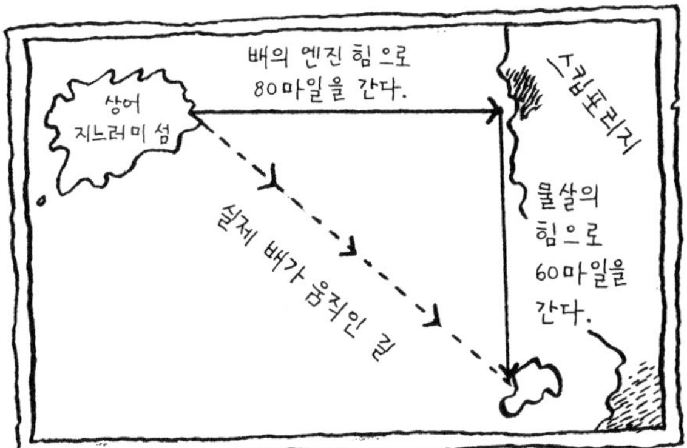

이 두 개의 화살표를 보고 배가 두 개의 길로 차례로 지나갔다고 생각할지도 모르지만 배는 동시에 두 방향으로 움직였기 때문에, 실제로는 삼각형의 다른 변을 따라 움직이고 있었다.

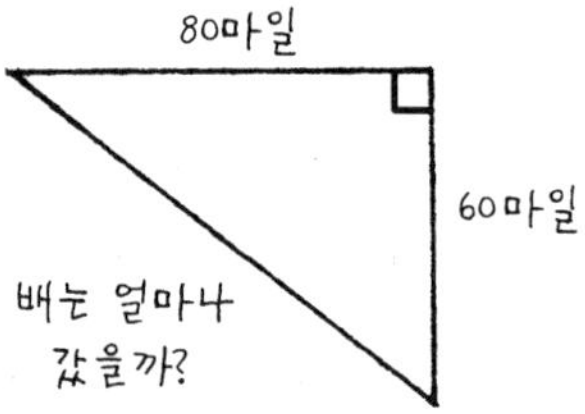

오, 우리는 할 수 있어. 피타고라스의 정리가 있다는 것에 감사해야지! 지도를 보면 직각 삼각형이 보일 것이다.

보트가 간 거리 =

$$\sqrt{80^2 + 60^2} = \sqrt{6{,}400 + 3{,}600} = \sqrt{10{,}000} = 100\text{마일}$$

목소리가 바닷가로 메아리치며 울려 퍼졌다. 면도날은 햇빛 때문에 눈이 부신지 모자를 잡아당기며 위를 보았다. 지미가 절벽 꼭대기에서 손을 흔드는 것이 보였다.

"우린 무인도에 있어."

한 손가락 지미가 소리를 질렀다.

"모래밭이랑 만 말고는 아무것도 없어."

"본토가 보여?" 면도날이 물었다.

"거의." 지미가 말했다.

"연기도 나고, 공장 굴뚝도 보이고, 스킵포리지의 쓰레기 냄새도 나고, 경찰 사이렌 소리도 들려."

“그럼 우리는 어떻게 하면 그리로 갈 수 있어?” 위즐이 물었다.

“너 미쳤어?” 면도날이 소리쳤다.

“우리에게는 태양, 바다, 모래밭이 있어. 사람들은 이런 데 오고 싶어서 큰돈을 내는데 우리는 공짜로 얻었어! 난 서둘러 가지 않을 거야.”

“하지만 여기서 어떻게 살 수 있어?” 위즐이 물었다.

“여긴 핫도그 가게도 없잖아.”

바로 그때 뒤쪽에서 기막힌 냄새가 솔솔 풍겨왔다. 모두 달려갔더니 삼겹살이 동굴 옆 나지막한 바위에 앉아 만족스러운 미소를 띠고 있었다.

“이런, 호두랑 벌레들일 줄 알았는데.” 전기톱 찰리가 뜻밖이라는 표정으로 말했다.

“좋아하면 디저트로 먹어도 돼.” 삼겹살이 활짝 웃었다.

“하지만 이걸로 만들어 먹어야 할 거야.”

모닥불이 타닥거리며 타오르고 있었고, 그 위에는 배에서 가져온 기다란 쇠막대에 꿰어진 살찐 물고기들이 지글지글 구워지고 있었다. 물고기 옆에서는 코코넛과 바나나로 만든 소스 한 양동이가 데워지고 있었다. 그리고 널찍한 돌 위에는 얇게 썬 피망과 라임이 가지런히 놓여 있었다.

“루이기 식당에서 먹던 거보다 훨씬 나은데!” 전기톱 찰리가 말했다.

"이걸 전부 어디서 찾은 거야?"

"이 섬에는 이런 게 널려 있어." 의기양양해진 삼겹살이 말했다.

"이 동굴도 아늑해 보이는데." 반쪽 미소가 말했다.

"세탁물 보트에서 침대보를 가져와서 여기서 자면 되겠다."

"내일 물고기를 잡으러 갈 수도 있겠고." 맞장구를 치며 위즐이 말했다.

"물장난을 하거나 모래성을 쌓기도 하고."

"이런 천국 같은 곳이 있다니 믿어지질 않는군" 전기톱이 말했다.

"은행이나 우편 열차를 털 때처럼 떨리는데."

"난 거북이 스튜를 만들 거야." 삼겹살이 말했다.

"음!"

"그건 그렇고." 면도날이 말했다.

"여기 있고 싶은 사람 손 들어 봐."

모두 손을 들었다.

곧 그들은 모래밭에 드러누웠고 먹고 남은 생선 뼈에 둘러싸여 만족스러워 했다. 면도날은 지도 속의 작은 섬을 뚫어지게 보았다.

"이렇게 멋진 데가 있나!" 면도날이 말했다.

"하지만 이걸 뭐라고 읽어야 할지 모르겠군. 글자가 너무 작아서 잘 안 보여."

"이리 줘 봐." 반쪽 미소가 주머니에서 아주 두꺼운 안경을 꺼내며 말했다.

"난 눈이 아주 좋아."

"그래, 그래." 면도날이 말했다.

"그런 걸 쓰고도 보인다면 네 눈은 좋은 게 틀림없어."

반쪽 미소는 지도를 들어서 눈에 바싹 갖다 대고 보았다.

"아, 안 돼!"

반쪽 미소는 무서워서 훅 숨을 들이쉬었다.

"이럴 순 없어!"

"왜 그래?" 면도날이 말했다.

"읽을 수가 없어?"

"물론 읽을 수야 있지." 반쪽 미소가 안경을 홱 벗더니 파랗게 질려 주위를 둘러보며 말했다.

"우리는 이 섬에서 빠져 나가야 해. 그것도 빨리!"

다음에 계속…….

가장 넓게 울타리를 치는 방법

여러분은 쉽게 답을 맞힐 수 있을 것이라고 생각했을 것이다. 하지만 조심할 것! 가끔 분명히 그럴 것 같지만 그렇지 않은 것들도 있으니까. 아직도 루나골에서 기지를 세우려고 애쓰는 골라크를 살펴보자. 지금 그들은 생각지도 않았던 손님을 맞이하였다.

플루그들이 100m 길이의 울타리로 표시할 수 있는 모양은 여러 가지이다. 직사각형을 만들고 싶다면 이런 것들이 있다.

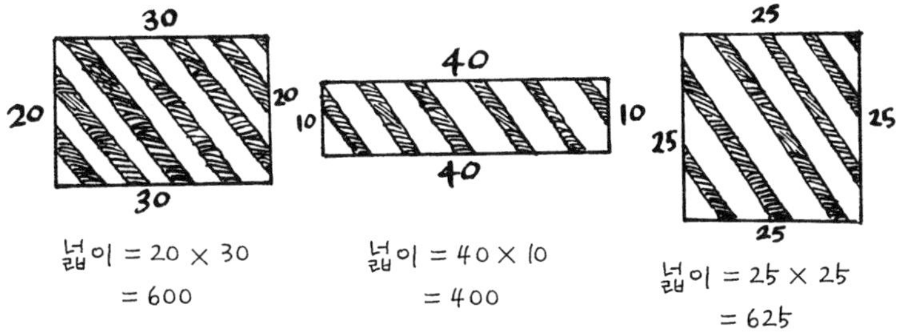

분명히 정사각형이 더 넓다. 하지만 더 넓은 것도 있다. 이번에는 골라크 말이 맞았다.

100m의 울타리로 원을 만들면 넓이는 얼마나 될까?

이것을 알려면 π가 들어간 공식이 두 개 필요하다.

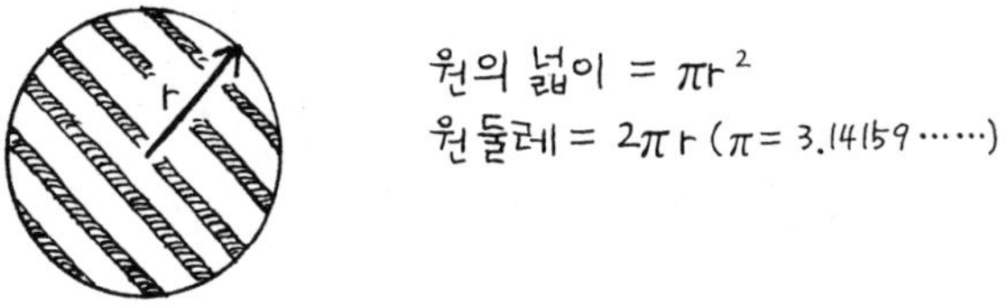

원둘레가 100m인 것을 알고 있으니까 반지름 r을 구할 수 있다.

$100 = 2\pi r$

방정식의 양변을 2π로 나누고 변을 바꿔 놓으면 이렇게 된다.

$$r = \frac{100}{2\pi} = \frac{100}{2 \times 3.14159} = \frac{100}{6.28318} = 15.9155$$

이제 이렇게 구한 r을 넓이 공식에 집어넣기만 하면 된다.

넓이 $= \pi r^2 = \pi \times 15.9155^2 = 3.14159 \times 253.3 = 795.77$

그러니까 원의 넓이가 795.77m^2이므로 정사각형의 넓이 625m^2보다 조금 더 넓다. 따라서 울타리를 쳐서 표시할 수 있는 것 중에서 평면으로는 원이 가장 넓다. 하지만 이런 일이 작은 초록 달에서 일어난다면…….

초콜릿을 모두 조각내려면 몇 번 잘라야 할까?

직사각형 모양의 초콜릿을 몇 번 잘라야 조각조각 떨어질까?

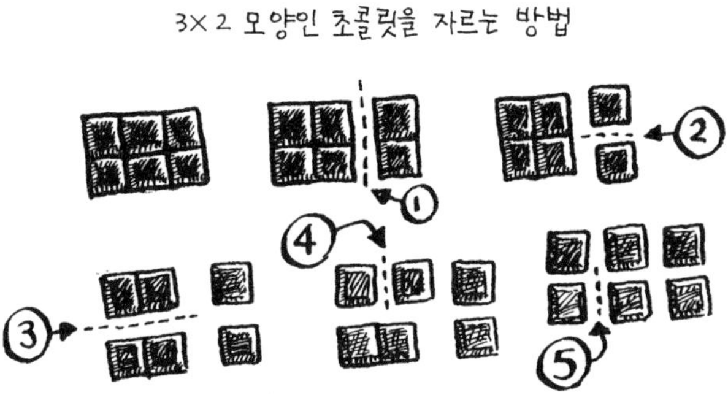

그림처럼 초콜릿을 다섯 번 잘라야 조각조각 떨어진다. 다섯 번보다 더 적게 분질러서 6조각이 나게 할 수는 없을까? 그리고 이것보다 더 큰 초콜릿을 자르려면 몇 번 분질러야 할까?

12조각으로 이루어진 다른 모양의 초콜릿이 두 개 있다. 이 중 적은 횟수로 분질러 조각조각 떨어지는 초콜릿은 어떤 것일까? 둘 다 자르는 횟수는 같은 것일까?

이때 초콜릿이 어떻게 생겼는지는 상관없다. 자르는 횟수는 언제나 초콜릿 조각 수보다 하나 적기 때문이다! 둘 다 11번 분질러야 한다.

답을 알았으니 그 이유도 알아보자. 여러분이 한 번 자를 때마다 초콜릿 조각은 하나씩 늘어난다. 작은 조각 12개로 된 초콜릿은 커다란 조각 하나에서 시작한다. 마지막에 작은 조각이 12개가 되어야 하니까, 여러분이 더 만들어야 하는 조각의 수는 12 − 1 = 11이다.

정육면체의 초콜릿은 몇 번 잘라야 할까?

커다란 정육면체 초콜릿을 작은 정육면체 27조각으로 잘라야 한다고 하자. 한 가지 방법은 각 방향에서 세 조각이 되게 자르는 것이다. 이렇게 자르려면 초콜릿이 움직이지 않도록 꼭 잡고 있어야 한다. 그러면 6번만 자르면 된다.

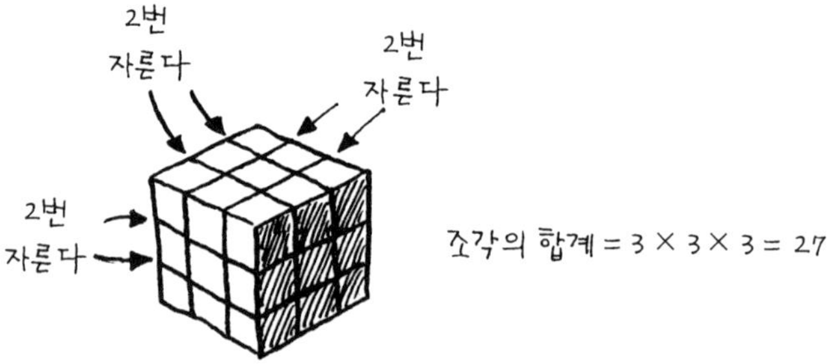

그러나 자르는 동안에 그 조각들을 마음대로 움직여도 된다면 어떻게 될까? 예를 들어 한 번 초콜릿을 크게 통과하게 자른 다음, 두 번째에는 자른 두 조각을 겹쳐 놓고 자르는 것이다.

자른 조각을 이 아래에
놓는다.
두 번째 자를 때는 이 선을
따라 두 조각을 함께 자른다.

여러분은 6번보다 적은 횟수로 정육면체의 초콜릿을 27조각이 되게 자를 수 있을까?

답:

못 해! 언제나 6번을 잘라야 한다.
그 이유는 27개 중 마지막 조각은 정육면체의 가장 안쪽에 있기 때문이다. 이 작은 조각은 6개의 면을 가지고 있고 그 면이 바깥에서 보이게 하려면 반드시 6번을 잘라야만 한다.

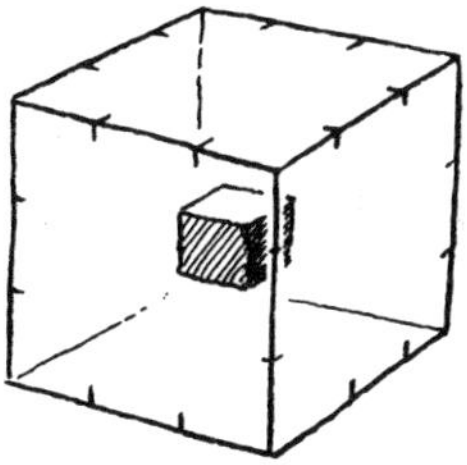

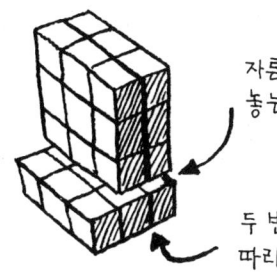

정육면체의 전개도는 몇 가지나 될까?

정육면체의 전개도는 6개의 정사각형으로 이루어져 있어 선을 따라 접으면 정육면체가 완성된다. 십자 모양이 가장 쉽고도 정확한 정육면체 전개도이고, 그 밖의 것들도 모두 합치면 11개나 된다! 이때 돌리거나 뒤집어서 같은 모양인 것은 세지 않았다.

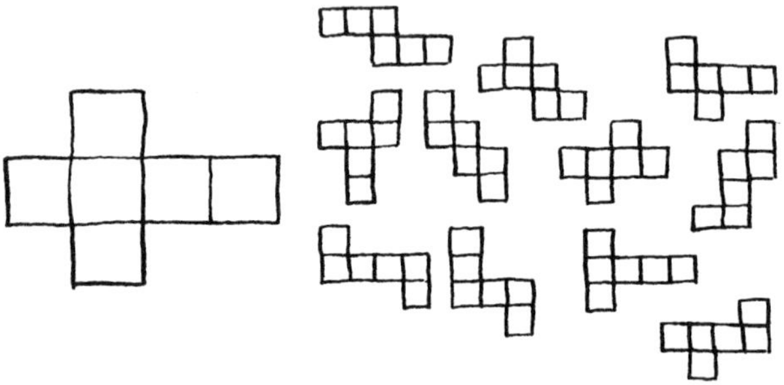

잠깐만! 어떻게 된 거지? 12개야. 어디선가 썩은 생선보다 더 지독한 냄새가 나는 걸. 오, 안 돼…… 또 종이쪽지가 나오다니!

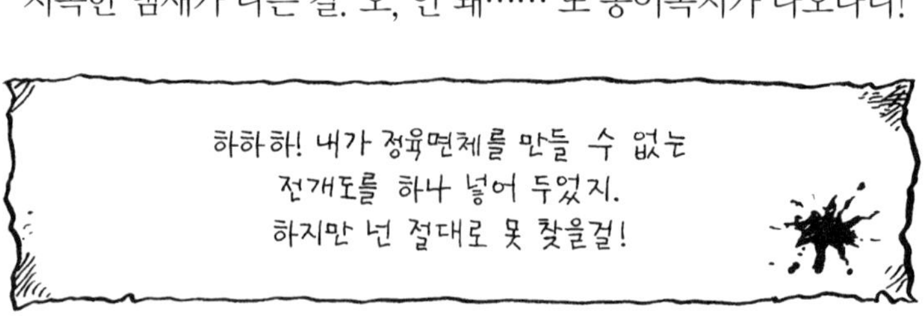

하하하! 내가 정육면체를 만들 수 없는
전개도를 하나 넣어 두었지.
하지만 넌 절대로 못 찾을걸!

여러분은 12개 중에서 어느 것이 가짜 전개도인지 알 수 있을까? 100쪽을 보면 알 수 있다.

정육면체에 가장 큰 구멍을 내려면?

이것은 좀 멍청한 질문 같아 보인다. 진짜 이상한 답이 나오는데 모두 이 사람에게 고마워해야 한다.

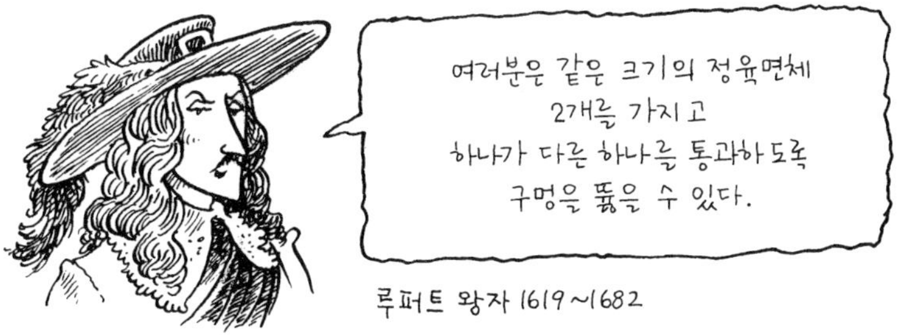
여러분은 같은 크기의 정육면체
2개를 가지고
하나가 다른 하나를 통과하도록
구멍을 뚫을 수 있다.
루퍼트 왕자 1619~1682

불가능할 것 같지만 그렇지 않다. 정육면체를 정확하게 대각선 방향으로 잡으면 그 그림자는 완벽한 육각형이 된다.

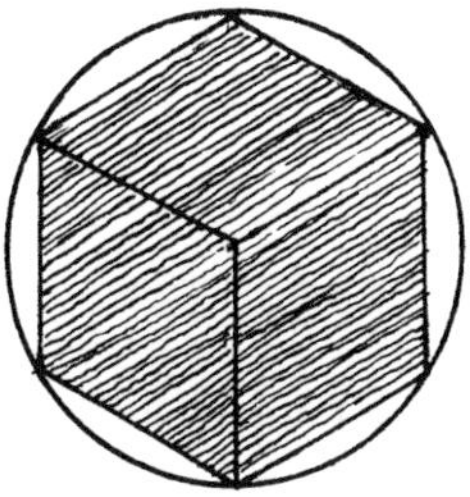

정육면체를 쥐고 그림자의 꼭짓점을 원 위에 맞춰 보자. 완벽한 육각형이다.

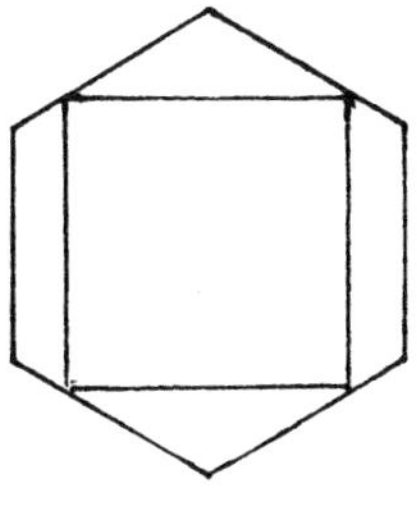

육각형 위에 정사각형을 그릴 수 있다. 이건 정육면체의 한 면보다 아주 조금 더 크다.

이 정사각형이 통과하도록 정육면체를 대각선 방향으로 자르면 된다. 그러고 나서 다른 정육면체를 밀어 넣으면 구멍으로 쏙 빠져나갈 것이다!

찰스 1세의 조카인 루퍼트 왕자는 정육면체가 똑같은 다른 정육면체를 통과할 수 있다고 장담했다. 그리고 이것을 증명해냈다. 이것은 왕자의 이름을 따서 '루퍼트의 정육면체'라고 부르게 되었다. 루퍼트 왕자는 군인이자 해적이며, 화약을 포함한 온갖 것들을 만든 발명가이기도 했다. 솔직히 말해서 여러분은 수학 천재가 그렇게 많은 일을 했을 줄 몰랐겠지? 사람은 그래서 겉만 봐서는 모르는 것이라고.

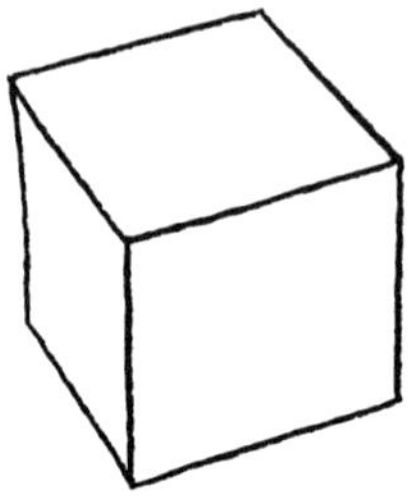

정육면체

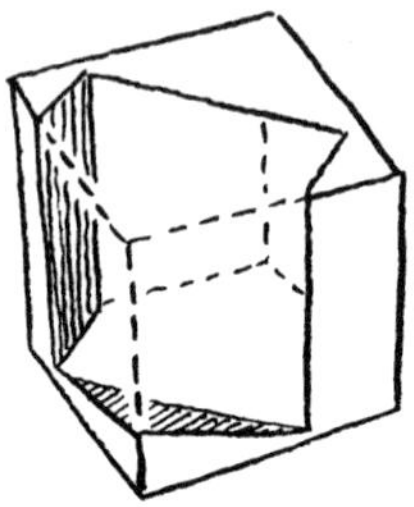

정육면체가 충분히 통과할 수 있는 약간 더 큰 구멍이 뚫린 정육면체.

1톤짜리 황금 정육면체의 크기는 얼마나 될까?

황금 1톤으로 정육면체를 만들면 각 모서리의 길이는 37cm밖에 되지 않는다. 생각보다 작아서 믿어지지 않는다고? 그럼 다음에 나오는 그림을 보면 믿을 수 있을 거야. 옷을 보관하는 작은 상자 크기만 하다고.

루빅큐브를 서로 다르게 뒤섞는 방법은 몇 가지나 될까?

43,252,003,274,489,856,000가지이다.

컴퓨터가 1초에 1,000가지 패턴을 셀 수 있다면 이것을 모두 세는 데는 140만 년이 걸린다. 전문가들은 뒤죽박죽으로 섞인 루빅큐브를 맞출 수 있는 방법은 26가지이거나 그것보다 좀 더 적을 것이라고 생각했었다. 어떤 사람은 가능한 방법이 딱 17가지라고도 했다. 믿어 지니?

달리가 다이아몬드로 속임수를 썼을까?

화요일 점심시간이었다. 캐러트의 보석 가게 문이 열렸다. 모자를 쓴 분홍색 코트 차림의 숙녀가 들어서자 진한 향수 냄새가 풍겼다.

"스노우립스 양!"

물방울무늬 나비넥타이를 맨 남자가 계산대에서 재빨리 나와 손님을 반갑게 맞았다.

"어서 오세요!"

"안녕하세요, 스파클리 씨."

달리 스노우립스가 말했다.

"진열장에 있는 커다란 파란색 반지가 마음에 들어서요. 얼마죠?"

"당신에게 딱 어울리는 반지죠. 100달러입니다."

얼굴 가득 미소를 머금은 채 스파클리 캐러트가 말했다.

"내가 사겠어요!"

달리가 돈을 건네며 말했다.

그때가 화요일 점심시간이었고 모두들 행복하기만 했다. 이제 수요일 아침이 되었고 달리 스노우립스가 또다시 가게로 찾아왔다.

"스파클리 씨, 더 좋은 게 보일 때 그저 보고만 있는 건 소용 없는 일이라고 했던 거 생각나죠?"

"그랬었죠."

스파클리가 눈을 반짝거리며 말했다.

"어제 사 가신 것 말고 또 마음에 드는 게 있으신가요?"

"물론 있죠." 달리가 말했다.

"그 커다란 흰색 다이아몬드 목걸이 말이에요. 얼마죠?"

"그건 200달러입니다."

"오, 내가 그 반지랑 목걸이를 둘 다 살 형편은 아니어서요. 어제 산 반지를 돌려 줘도 될까요? 100달러는 될 거라고 생각하는데요."

"물론이죠, 스노우립스 양."

스파클리가 반지를 받고 목걸이를 건네주었다.

"이렇게 해 줘서 고마워요. 스파클리 씨."

달리가 문을 열고 나가려 했다.

"잠깐만요, 스노우립스 양."

놀란 스파클리가 따라 나오며 걱정스럽게 말했다.

"100달러로 쳐드리기로 한 반지만 주셨죠. 목걸이가 200달러인데, 그럼 나머지 100달러는 어떻게 하죠?"

"잊어버렸어요?"

달리가 말했다.

"어제 100달러를 줬잖아요?"

"하지만 그건 반지 값이었어요!"

"알아요, 하지만 내가 반지를 돌려줬잖아요."

당당하게 달리가 말했다.

"그럼 다음에 봐요. 잘 있어요!"

달리는 또각또각 구두 소리를 내며 거리로 사라졌고, 스파클리 캐러트는 100달러를 손해 본 것인지 어쩐 것인지 몰라서 어리둥절해 하고 있었다.

답:

물론 스파클리는 100달러를 손해 봤다! 달리와 스파클리가 서로에게 주었던 것을 모두 더해 보면 알 수 있다.

달리는 스파클리에게 100달러와 100달러짜리 반지를 주었으니 합계는 200달러이다.

스파클리는 달리에게 100달러짜리 반지와 200달러짜리 목걸이를 주었으니 합계는 300달러이다. 그러니 스파클리가 100달러를 손해 본 것이 분명하다.

왜 거미를 먹는 거인은 없을까?

장소 : 거대 거미 섬

날짜 : 1929년 8월 31일

시간 : 오전 10시 45분

화가 잔뜩 난 일곱 남자가 동굴 뒤쪽에 웅크리고 있었다. 면도날이 계속 지도를 움켜쥐고 있는 반쪽 미소를 쿡 찌르며 물었다.

"제대로 본 거 맞아?"

"맞아, 확실하다고." 반쪽 미소가 어두운 얼굴로 끄덕였다.

"여기가 거대 거미 섬이라는 곳이야."

"헉!" 남자들이 신음 소리를 냈다.

"진정해." 면도날이 태연한 척하며 말했다.

"거대 거미가 뭐가 어떻다고 그래?"

"장난해?" 전기톱이 말했다.

"털이 덥수룩한 다리가 여덟 개라고."

"그래서? 우리는 털이 덥수룩한 다리가 14개라고." 면도날이 말했다.

"틀림없이 거미가 우리를 보고 놀랄 거야."

"하지만 거미들은 말이야, 우리들을 모조리 거미줄에 걸리게 해서 꼼짝 못하게 한 다음에 천천히 먹어 치울 거야. 우리가 죽을 때까지."

"으흑!"

밖에는 태양이 빛나고 있었지만 남자들은 모두 파랗게 질려서 몸서리를 쳤다.

"이성을 찾으라고, 친구들." 면도날이 말했다.

"거미가 커 봐야 얼마나 크겠어?"

"새를 먹는 거미도 있다는 신문 기사를 읽은 적이 있어." 한 손가락 지미가 말했다.

"그리고 이건 사실이야."

"새를 먹는 거미가 있다면 개를 먹는 거미도 있겠네?" 걱정스러운 듯 전기톱이 물었다.

"아니면 말을 먹는 거미도?" 위즐도 물었다.

"거대 거미가 거미줄을 휙 던져서 배를 끌고 와서 선원들을 모조리 죽일 수도 있겠지?" 삼겹살이 말했다.

"그렇게 큰 거미가 있을까?" 면도날이 말했다.

놀랍게도 〈앗! 시리즈〉 팀 몇몇 사람들은 면도날의 질문에 대답할 수 있다. 일반적인 거미부터 생각해서 점점 더 크게 만들어 보자. 몸이 커지면 늘어난 몸무게를 감당할 수 있을 정도로 다리도 강해져야겠지?

결과를 단순하게 보여줄 수 있도록 특별히 고안한 보통 크기의 거미를 가지고 〈앗! 시리즈〉 연구소로 얼른 달려가자. 〈앗! 시리즈〉 연구소는 이 실험을 하는 동안 거미들이 다치지 않고 안전하다는 것을 보장한다.

우리의 특별한 거미들은 크기가 커다란 콩알만 하다. 몸통은 정육면체이고 다리는 기다란 사각 튜브 모양이다. 몸이 '10mm×10mm ×10mm' 라고 가정해 보자. 부피는 1,000세제곱밀리미터이고 이것을 우리는 1,000mm^3라고 쓴다.

세제곱밀리미터가 나왔다고 너무 걱정하지 말길! 중요한 것은 부피에 따라 무게가 결정된다는 사실이니까.

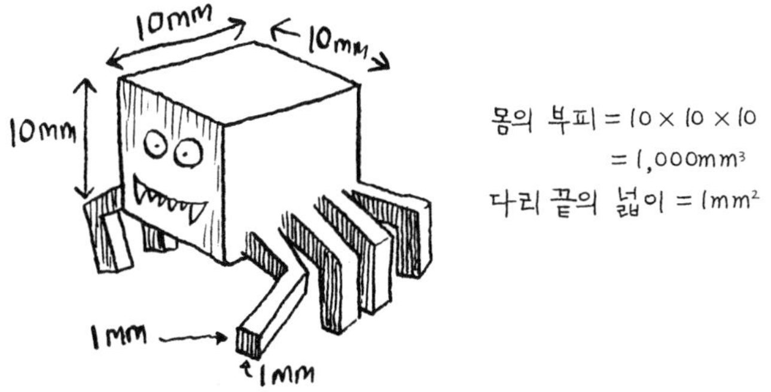

거미 다리의 강도는 단면의 넓이에 달려 있다. 우리의 특별한 거미 다리는 1mm × 1mm로 만들어져서 넓이는 1제곱밀리미터이고 1mm^2로 표시한다. 제곱밀리미터에 대해서도 걱정할 필요는 없다. 중요한 것은 8개의 다리가 각각 넓이가 1mm^2라는 것이고, 그것이 1,000mm^3의 몸을 지탱하고 있다는 사실이다.

우리가 거미를 더 크게 만들어서 부피가 2,000mm^3가 되었다면 다리의 넓이는 2mm^2가 되어야 한다. 부피가 3,000mm^3라면 다리 넓이는 3mm^2가 되어야 하고 계속 이런 식으로 늘어난다. 거미 크기가 어떠하든 몸통의 부피를 1,000으로 나눈 것만큼이 다리 넓이가 되어야 한다.

이제 거미의 몸길이를 각각 5배로 늘려 보면 크기가 거의 오렌지만 해진다. 몸통의 부피는 50mm × 50mm × 50mm = 125,000mm^3이다. 이런 부피를 지탱하려면 다리 넓이는 125mm^2이어야 한다.

하지만 이 거미의 다리 넓이는 5mm × 5mm = 25mm^2이다. 다리가 몸을 지탱하기에는 너무 가는 것 아냐? 사실은 몸통이 모든 방향으로 5배 길어졌기 때문에 다리는 5배보다 더 두꺼워져야 한다. 실제로 재어 보면 약 11mm × 11mm정도는 되어야 한다. 그러면 넓이는 121mm^2가 되어야 지탱할 수 있다. 실제로도 그렇다. 작은 거미들을 보면 다리가 아주 가느다랗고 커다란 거미들은 다리가 훨씬 굵다.

이번에는 우리의 거미 몸통을 각 방향으로 모두 100배로 크게 해 보자. 그러면 거의 안락의자만 해질 것이다. 이 정도가 되면 사람을 먹는 것도 가능해진다. 물론 그 전에 사람들은 정신을 잃을 것이고, 그때 우리는 실험을 하면 된다.

그럼 몸통의 각 모서리의 길이는 1,000mm이고, 부피는

1,000mm × 1,000mm × 1,000mm = 1,000,000,000mm³이다. 다리 넓이는 1,000mm × 1,000mm으로 1,000,000mm²이어야 한다. 이 말은 다리 하나가 거미 몸통의 한 면을 차지한다는 뜻이다. 거미는 다리가 6개밖에 없게 되는데, 그것은 8개 중 2개는 붙어 있을 자리가 없기 때문이다.

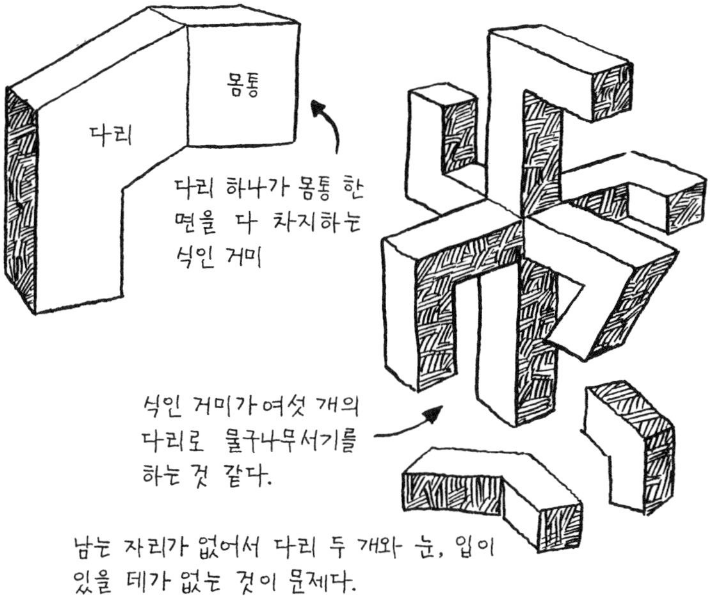

몸통
다리
다리 하나가 몸통 한 면을 다 차지하는 식인 거미
식인 거미가 여섯 개의 다리로 물구나무서기를 하는 것 같다.
남는 자리가 없어서 다리 두 개와 눈, 입이 있을 데가 없는 것이 문제다.

그러므로 사람을 잡아먹을 정도의 거대한 거미는 있을 수 없다. 다음에 또 그렇게 말하는 사람을 만나면 계산기를 두드려서 그런 거미가 존재할 수 없다는 것을 보여주도록!

한편 위즐은 악당들에게 좋은 생각을 말하고 있었다. 그러고는 세탁물 보트에 가서 침대보, 수건, 조끼, 양말 등을 가지고 동굴로 돌아와 그것들을 커다랗게 이어 붙이느라 정신이 없었다.

"왜 한쪽은 길고 한쪽은 짧은 모양이어야 하지?" 면도날이 물었다.

"우리는 어마어마한 연을 만들 거야!" 홀쭉이가 말했다.

"그걸 날리면 멀리 떨어져 있는 사람들도 보게 될 거야. 누군가가 알아보고 달려오겠지."

"그 말대로 되어야 할 것 같아." 전기톱이 말했다.

"구조되어야 해. 그것도 빨리. 이 근처에 거대 거미가 살지도 모른다는 소리는 듣고 싶지도 않아."

"이것 봐!" 지미가 동굴 밖을 가리키며 말했다.

"저기 수평선 위로 배가 보여! 저 배가 지나가기 전에 우리가 신호를 보내야 해."

"거미가 나온다는 신호?" 면도날이 물었다.

"그렇게 멀지 않아. 어서 와, 가 보자고!" 지미가 말했다.

그들은 바깥쪽으로 천을 끌고 와 모래 위에 펼쳐 놓았다. 전기톱과 삼겹살은 기다란 대나무 막대기를 두 개 가져와 한가운데에서 엇갈리게 고정시켰다. 반쪽 미소는 배에서 연줄로 쓸 밧줄을 가지고 왔다. 면도날과 위즐은 커다란 천을 똑바른 모양이 되게 세워 놓았다. 다른 악당들은 밧줄을 끝에 묶은 뒤에 연이 날아오르도록 바닷가를 뛸 준비를 했다.

위즐이 걱정스러운 목소리로 말했다.

"내가 보기에는 모양이 제대로 된 것 같지가 않아."

"널 봐서라도 제대로 되어야 할 거야." 면도날이 말했다.

"네가 우리한테 연을 만들자고 했고 두 변은 길고 두 변은 짧아야 된다고 했어."

“물론 내가 그렇게 말했지. 하지만…….”

“우리는 두 변은 짧고 두 변은 길게 만들었어. 그런데 뭐가 문제야?”

“그렇게 보이지 않아.” 위즐이 말했다.

“어떻게 보이든 누가 신경이나 쓴대?” 면도날이 말했다.

“우린 저 배가 가기 전에 이걸 날리고 싶을 뿐이야. 다들 준비됐지? 달려!”

다섯 남자는 모두 모래밭을 달렸고 밧줄이 커다란 천을 공중으로 끌어올렸다.

“연이 난다!” 면도날이 말했다.

“그리고 빙글빙글 돌더니, 떨어져 버렸네.” 위즐이 말했다.

면도날과 위즐 사이로 연이 곤두박질치자 둘은 얼른 피했다.

“내가 제대로 안 된 것 같다고 했잖아. 저런 모양으로는 절대로 날 수 없어!” 위즐이 말했다.

다음에 계속…….

지하실에 있는 지저분한 저것은 뭐지?

여러분이 우리의 거미 계산법을 못 믿겠다면 우리 연구실에 직접 와도 좋다. 걱정 말기를! 무척 깔끔하고 안전하니까. 아래로 내려가면, 어라, 이게 뭐지? 누군가 종잇조각을 바닥에 떨어뜨리고 갔군.

이런! 책에 나왔던 다른 질문들이다. 누구 짓인지 알아봐야겠다. 문을 열고 발걸음을 안으로 옮겼다. 헉! 누군가 방금 불을 꺼 버렸다. 앞으로 더듬거리며 가다가 발을 헛디뎌 엄청나게 끈적거리는 거미줄에 걸렸다. 윽! 심술궂게 번쩍이는 눈에 털이 덥수룩한 다리, 파리를 먹는 바로 그놈이 어둠 속에서 여러분을 노려보고 있다. 결국 거대 거미가 나타난 것일까? 안 돼, 이럴 수는 없다. 그것은 바로 여러분의 첫 번째 적인 사악한 도전자, 찰거머리 박사였다.

박사가 불을 켰다. 먼지로 뒤덮인 선반과 공기구멍이 뚫린 크기가 다른 상자들이 보였다.

"이건 내가 개인적으로 수집한 거미들이야." 박사가 말했다.

"저건 노란 발 버터 거미, 일본 깡충거미, 그리고 아주 희귀한 다리가 9개인 방울거미. 사실 여기에는 거미가 120마리 있어. 무게가 1kg에서 120kg 사이인데 모두 다르지. 여기서 나가고 싶으면 모두 무게가 얼마나 나가는지 알아내야만 해!"

박사는 거미들의 무게를 재도록 양팔 저울과 서로 다른 무게의 추 120개가 들어 있는 상자를 보여 주었다.

"그쯤이야 식은 죽 먹기지." 여러분이 한 말이다.

"악마의 소문을 못 들었나 보군." 박사가 악마처럼 킬킬거렸다.

"여기 있다!"

양팔 저울에 작은 추는 몇 개나 필요할까?

"실마리를 주지." 박사가 잘난 척하며 말했다.

"120kg을 재려면 서로 다른 무게의 추가 7개 필요해. 그러니까 뭐가 필요한지 하나를 결정하면 내가 나머지를 갖다 주지!"

이렇게 끔찍할 수가. 영원히 거미줄에 붙어 있고 싶지는 않겠지? 어떤 것을 7개 사용해야 할까?

비결은 여러분이 고른 추의 무게가 차례대로 2씩 곱해진 수이면 된다는 것이다. 만약 여러분이 4개의 추를 가지고 있고, 그것이 1, 2, 4 그리고 8kg이라면 이 4개로 15kg까지는 모두 잴 수 있다. 어떻게 하는지 보자.

재려는 무게

	1	2	3	4	5	6	7	8	9	10	11	12	13	14	15
1	●		●		●		●		●		●		●		●
2		●	●			●	●			●	●			●	●
4				●	●	●	●					●	●	●	●
8								●	●	●	●	●	●	●	●

점은 무게를 잴 때 사용하는 추를 나타낸다.

무게가 11kg인 거미는 8kg + 2kg+ 1kg의 추를 사용하여 잰다.

7개의 추를 고를 수 있다면 여러분은 1, 2, 4, 8, 16, 32 그리고 64를 골라야만 한다. '1, 2, 2^2, 2^3, 2^4, 2^5, 2^6' 이라고 해도 된다. 이 추를 모두 다 사용한다면 127kg을 잴 수 있다. 몇 개를 빼 버리면 더 작은 무게도 잴 수 있다. 예를 들어 '1 + 2 + 8 + 32 + 64'로는 107kg을 잴 수 있고, '2 + 4 + 8 + 16 + 64'로는 94kg을 잴 수 있다.

"정말이네, 박사!" 여러분이 박사에게 말한다.

"너무 쉽군 그래. 얼마 안 걸리겠어."

"흥! 이번에는 좀 더 어렵게 만들 거야." 박사가 저주를 내리듯 말했다.

박사는 짝수인 추를 배수관에 던져 버린다. 2, 4, 8, 16, 32 그리고 64가 모두 없어졌다!

"이제 서로 다른 무게의 추 7개로 어떻게 내 거미들의 무게를 재는지 보자고!"

여러분은 추와 저울을 보며 몇 초 동안 고민에 빠진다.

"사실 난 무게가 다른 추 5개만 있으면 되는데." 여러분이 박사에게 말한다.

"응? 뭐? 뭐라고?" 박사가 말한다.

"하지만 5개로 120kg까지 어떻게 다 잴 수 있지?"

"이제 깜짝 놀랄 답이 나와." 여러분이 싱긋 웃는다.

양팔 저울을 사용할 때는 양쪽에 다 추를 올려놓아도 된다. 1kg과 3kg의 추를 사용하면 2kg이 나가는 거미를 잴 수 있다. 1kg의 추와 함께 거미를 올려놓으면 된다.

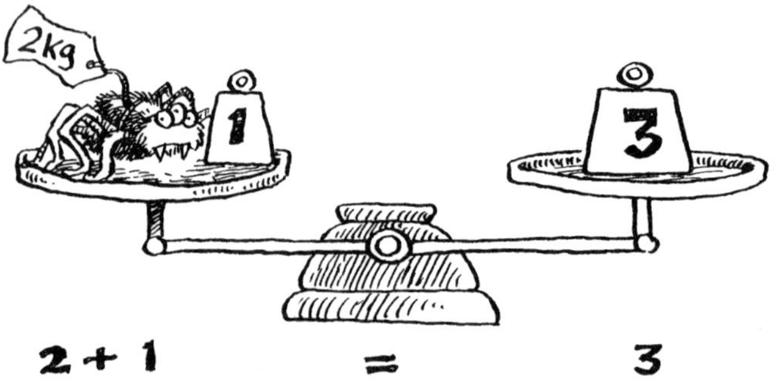

박사에게 필요한 추는 1, 3, 9, 27 그리고 81이라고 말하면 된다. 각 무게는 앞에 나왔던 수를 3배한 것이고, 우리는 이것을 '1, 3, 3^2, 3^3, 3^4' 이라고도 쓴다.

믿기 어렵겠지만 이 5개의 추로 최대 121kg이 나가는 어떤 거미도 잴 수 있다. 그럼 97kg이 나가는 거미를 어떻게 재는지 보자.

"솔직히 말해서, 박사." 여러분이 거미줄을 몸에서 떼어 내며 말한다.

"문제를 더 어렵게 냈어야지."

"어렵게? 더 어렵게?" 박사가 비명을 질렀다.

"더 어려운 걸 원한다면, 여기 많이 있어!"

박사는 주머니를 뒤지더니 희한한 문제들이 적힌 종이를 한 움큼 꺼냈다.

"아하!" 여러분이 비웃는다.

"이게 다야? 우리는 이미 당신이 추가로 낸 문제에 다 대답했다고. 그러니 이제 포기하시지!"

"내가? 포기하라고? 절대 안 돼!" 박사가 화를 냈다.

"난 언제나 또 다른 문제를 준비해 놓고 있어. 점점 앞의 문제보다 더 어려워지지."

"미안, 그래봤자 안 될 거야."

"다음 문제는 널 아주 괴롭힐 거야."

박사는 커다란 무선 조정기에 있는 몇 개의 단추를 꾹꾹 눌렀다.

"나는 네 욕실을 통제할 수 있거든. 지금 막 수도꼭지를 둘 다 틀었어."

"하지만 마개로 막아 놓지 않았는데." 여러분이 말한다.

"히히히!" 박사가 낄낄거린다.

"알아! 그러니까 내가 다음으로 내는 지독하게 어려운 문제는 전부……."

마개를 빼 놓은 채 수도꼭지 두 개를 틀어도 욕조 물이 넘칠까?

다행히도 자세한 내용이 나와 있는 욕조 사용 설명서를 가지고 있을 때에 이런 일이 일어났다. 박사의 질문에 답하려면 1분 동안 어떤 일이 일어나는지 알아야 한다. 그럼 다음 설명을 꼼꼼히 살펴보자.

뜨거운 물이 10분 만에 욕조를 가득 채운다면 1분 동안에는 1 ÷ 10 = 0.1을 채울 수 있다.

차가운 물이 8분 만에 욕조를 가득 채운다면 1분 동안에는 1 ÷ 8 = 0.125를 채울 수 있다.

양쪽을 다 틀어 놓으면 1분 동안 0.1 + 0.125 = 0.225를 채우는 셈이다.

욕조의 물을 다 빼는데 5분이 걸린다. 1분 동안에는 1 ÷ 5 = 0.2를 뺄 수 있다.

물은 1분에 0.225만큼 채워지고, 0.2만큼 빠져 나간다. 그러므로 여러분이 욕조의 수도꼭지를 둘 다 틀고 배수구의 마개를 빼 놓는다면 빠져나가는 물보다 남아 있는 물이 더 많아진다. 욕조 물이 넘친다는 뜻이다!

"더 해 보시지 그래?" 박사가 비웃었다.

"몇 초만 지나면 물이 넘쳐서 밖으로 흘러나올 거야."

"딴 따따딴." 여러분이 문 앞으로 천천히 한가롭게 걸어가면서 말한다.

"시간이 많이 걸려!"

"알고 있어?" 박사가 손가락을 딱 튕겼다.

"그럼, 얼마나 쉬운 건데."

1분 동안에 0.225 − 0.2 = 0.025 만큼 욕조가 채워진다. 이것을 분수로 나타내면 $\frac{1}{40}$ 이다. 1분에 욕조의 40분의 1이 채워지므로 욕조를 가득 채우려면 40분이 걸린다.

천천히 걸어가기에 충분한 시간이다. 이제 깨끗한 수건과 비누를 들고 가서 수도꼭지를 잠그면 된다. 지금까지 끈적끈적한 거미줄에 붙어 있었으니 목욕하는 것이 좋을걸!

이 세상에 생일이 같은 사람은 몇 명이나 될까?

지구의 인구는 약 6,800,000,000명으로 거의 70억 명 정도 된다. 1년은 $365\frac{1}{4}$일이므로 생일이 같은 날인 사람들은 6,800, 000,000 ÷ $365\frac{1}{4}$이다. 생일이 같은 사람들이 18,617, 000명이라는 뜻이다.

2월 29일에 태어났다면 여러분은 4년에 한 번 생일을 맞이하게 되니 1,461일 만에 한 번 돌아온다. 그럼 6,800,000,000 ÷ 1461 = 4,654,000명이다.

그러면 엄마와 생일이 같을 확률은?

1년은 365일이다. 계산을 더 복잡하게 만들지 않기 위해 여기서는 윤년은 생각하지 않겠다. 엄마가 케이크의 촛불을 끄고 선물 상자를 열 때에 여러분이 태어났을 확률은 $\frac{1}{365} = 0.0027$ 또는 0.27%이다.

할머니하고도 같을 확률은?

먼저 엄마가 할머니의 생일과 같을 확률은 $\frac{1}{365}$이고 여러분이 같은 날에 태어났을 확률도 $\frac{1}{365}$이다. 둘 다 같은 날에 태어날 확률은 이 확률들을 곱한 $\frac{1}{365} \times \frac{1}{365} = \frac{1}{133225}$로 0.0000075 또는 0.00075%이다.

좀 다르게 보이는 것 같지만 $\frac{1}{133225}$은 133,225명 중에 한 명이 할머니, 엄마와 생일이 같다는 뜻이다. 세계의 인구는

6,800,000,000이니 133,225로 나눠 보면 지구상에 있는 51,000명이 엄마, 할머니와 생일이 같다는 것을 알 수 있다.

서로 모르는 365명의 생일이 모두 다를 확률은?

이것은 문제도 엄청나고 답도 엄청나게 끔찍하다. '마지막 기회' 술집으로 어슬렁거리며 가 보자. 지금 막 문을 열었으니 손님들이 올 때마다 생일을 알아볼 것이다. 바텐더인 클리프부터 시작해 보자. 지금은 클리프 혼자 있기 때문에 아직은 아무도 생일이 같은 사람이 없다. 이 말은 그와 누군가가 생일이 다를 확률이 1, 즉 100%라는 뜻이다.

클리프와 생일이 다를 확률 =
1 또는 100%

리버보트 릴이 왔다. 그녀가 클리프와 생일이 같을 확률은 아주 작다. 1년은 365일이다. 물론 이때 윤년은 제외한다. 이 중에 364일은 클리프의 생일이 아니다. 그래서 릴이 클리프와 생일이 다를 확률은 $\frac{364}{365}$ = 0.997 또는 99.7%이다.

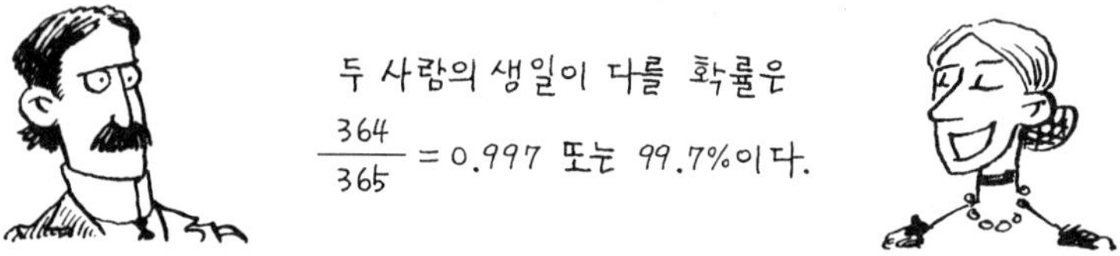
두 사람의 생일이 다를 확률은
$\frac{364}{365} = 0.997$ 또는 99.7%이다.

릴과 클리프가 생일이 다르다면 듀크하고는 어떻게 될까? 이제 1년 중 남은 날은 363일이고, 듀크가 두 사람과 생일이 다를 확률은 $\frac{363}{365}$ 이다. 세 사람이 모두 생일이 다를 확률을 구하려면 듀크의 확률, 릴의 확률, 클리프의 확률을 곱하면 된다.

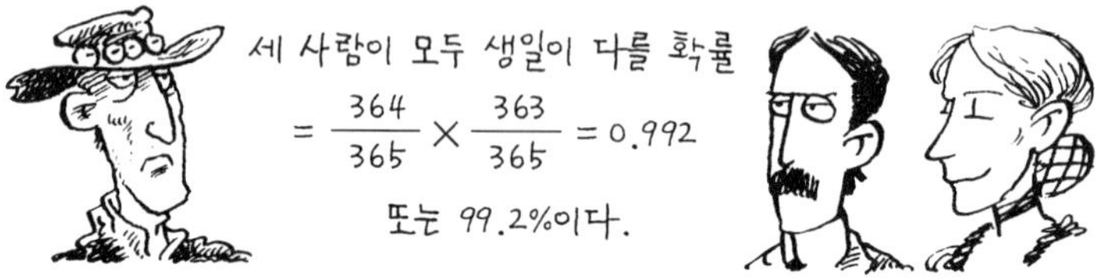
세 사람이 모두 생일이 다를 확률
$= \frac{364}{365} \times \frac{363}{365} = 0.992$
또는 99.2%이다.

여러분은 세 사람의 생일이 모두 다를 확률이 두 사람의 생일이 다를 확률보다 작다는 것을 알았다. 술집에 사람들이 점점 더 많이 올수록 확률은 점점 더 작아진다. 그래서 이렇게 된다.

$$\frac{364}{365} \times \frac{363}{365} \times \frac{362}{365} \times \text{계속 작아져서} \cdots \times \frac{344}{365} \times \frac{343}{365}$$

분수 22개를 곱해야 하지만 걱정할 것 없다. 우리는 여러분을 위해 미리 계산해 뒀고 답은 0.4927 또는 49.27%이다. 방 안에 23명이 있다면 여러분과 생일이 다를 확률은 50%도 안 된다는 뜻이다. 그럼 적어도 그 사람들 중에서 2명은 생일이 같을 수 있다는 뜻!

30명이 술집에 도착했을 때에 릴은 돈을 벌 준비를 갖췄다.

여러분은 리버보트 릴의 말에 주의해야 한다. 그녀는 숫자들에 관한 신기한 비밀들을 잘 알고 있다. 1년에 365일이 있고, 이 술집 안에 30명이 있으면, 생일이 같은 사람이 있을 확률은 적어도 70%이다. 릴이 이 내기를 매일 밤마다 하면 적어도 세 번에 두 번은 이길 수 있다. 이 문제는 꽤 많이 알려져 있는데, 30명에게 생일을 물어 보는 것도 가능하다. 이렇게 물어보는 데는 몇 분이면 충분하다. 하지만 술집 안에 70명이 있다면, 릴은 더 빨리 찾는 방법을 쓸 수 있다. 릴은 6명을 한 모둠으로 묶어서 그들에게 생일을 큰 소리로 말하라고 한다.

이것을 정확하게 계산하는 것은 무척 살인적인 일이다. 하지만 우리는 어떻게 쉽게 구하는지 알고 있다. 70명이 방 안에 있다면 그들 대부분은 생일이 다를 것이다. 1년이 365일이지만 대충 300일은 방에 있는 그 누구의 생일도 아닐 것이다.

6명 중에서 첫 번째 사람이 생일을 외치면, 생일이 다를 확률은 약 $\frac{300}{365}$ 이니까 약 $\frac{5}{6}$이다. 두 번째 사람이 생일을 말하고 그 사람이 생일이 다를 확률도 $\frac{5}{6}$이다. 그 두 사람이 생일이 다를 확률은 $\frac{5}{6} \times \frac{5}{6} = \frac{25}{36} = 69\%$이다. 이렇게 6명이 모두 생일을 말하고 그들 모두가 생일이 다를 확률은 $\frac{5}{6} \times \frac{5}{6} \times \frac{5}{6} \times \frac{5}{6} \times \frac{5}{6} \times \frac{5}{6} = \frac{15625}{46656}$ 또는 약 33%이다. 그러므로 6명 중에서 누군가가 다른 사람과 생일이 같은 확률은 대충 67%라는 뜻이다!

술집이 사람들로 가득 차 북적일 때에 365번째 손님이 석탄처럼 새카만 모자와 뱀 가죽 장화를 신고 나타났다.

그러면 서로 모르는 사람들 365명이 모두 생일이 다를 확률은 얼마나 될까?

$$\frac{364}{365} \times \frac{363}{365} \times \cdots \text{ 이런 방법으로 계속해서} \times \cdots \frac{2}{365} \times \frac{1}{365}$$

그리고 답은 이렇다.

0.0000000000 0000000000 0000000000 0000000000 0000000000 0000000000 0000000000 0000000000 0000000000 0000000000 0000000000 0000000000 0000000000 0000000000 0000000000 0000145496%이다. 엄청 길지?

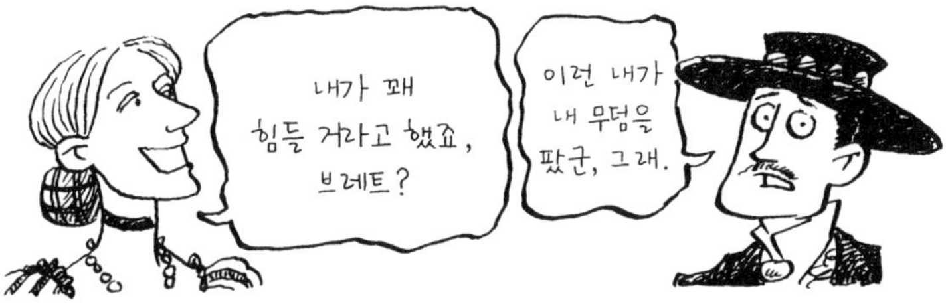

요건 몰랐을걸!

우리는 윤년을 무시하고 계산을 간단하게 했다. 하지만 이 책을 읽고 있는 지구 어딘가에 살고 있는 누군가가 "그럼 방 안에 있는 366명이 모두 생일이 다를 확률은 얼마죠?"라고 물을 수도 있다는 것을 우리는 잘 알고 있다. 만약 그 366번째 사람이 여러분이라면 뭐라고 대답할 것인가? 그럴 확률은 0%이다. 1년은 365일이니까 366명이 모두 생일이 다를 수는 없다!

사람들의 생일이 같을 확률은 주사위를 던지는 것과 매우 비슷하다. 리버보트 릴이 주사위로 돈을 많이 벌 수 있는 것도 당연하다. 브레트 셔플러도 금방 알아챘다.

주사위는 같은 눈이 나오는 게 쉬울까? 다른 눈이 나오는 게 쉬울까?

브레트 말이 맞다. 주사위가 모두 같은 눈이 나오는 것보다 서로 다른 눈이 나오는 것이 더 쉽다.

주사위 두 개를 동시에 던져서 어떻게 되는지 살펴보자. 첫 번째 주사위가 어떤 수가 나오든 주사위에는 6개의 숫자가 있기 때문에 두 번째 주사위가 같은 눈이 나올 확률은 $\frac{1}{6}$이고 약 17%이다. 두 번째 주사위의 눈이 다르게 나올 확률은 $\frac{5}{6}$이고 약 83%이다. 두 개의 주사위가 다른 숫자가 나오는 것이 더 쉽다.

주사위가 더 있으면 어떻게 되는지 알아보자. 이 실험을 위해서 여러분은 세 개 또는 그것보다 더 많은 주사위를 던져야 한다. 주사위의 눈은 모두 다르거나 또는 모두 같아야 한다. 예를 들어 2, 4, 4 또는 1, 3, 3, 3, 5 같은 것은 무시한다. 물론 1, 1, 3, 4 또는 2, 2, 2, 4, 4, 4도 무시해야 한다.

주사위의 눈이 나올 확률	
모두 같은 눈이 나오는 경우	모두 다른 눈이 나오는 경우
 $\frac{1}{6} = 17\%$	$\frac{5}{6} = 83\%$
 $\frac{1}{6} \times \frac{1}{6} = 3\%$	$\frac{5}{6} \times \frac{4}{6} = \frac{20}{36} = 55\%$
 $\frac{1}{6} \times \frac{1}{6} \times \frac{1}{6} = 0.46\%$	$\frac{5}{6} \times \frac{4}{6} \times \frac{3}{6} = \frac{60}{216} = 27.7\%$
 $\frac{1}{6} \times \frac{1}{6} \times \frac{1}{6} \times \frac{1}{6}$ $= 0.077\%$	$\frac{5}{6} \times \frac{4}{6} \times \frac{3}{6} \times \frac{2}{6} = \frac{120}{1296}$ $= 9\%$
 $\frac{1}{6} \times \frac{1}{6} \times \frac{1}{6} \times \frac{1}{6} \times \frac{1}{6}$ $= 0.012\%$	$\frac{5}{6} \times \frac{4}{6} \times \frac{3}{6} \times \frac{2}{6} \times \frac{1}{6}$ $= 1.5\%$

보다시피 브레트가 주사위 6개를 던졌을 때에 모두 숫자가 다를 확률은 약 1.5%밖에 안 된다. 브레트가 200번을 던졌다

고 생각해 보자. 브레트가 이기는 것은 200×1.5% = 3번쯤 된다. 그러니까 릴은 브레트에게 3 × 50달러 = 150달러만 주면 된다. 하지만 브레트가 200번을 던지려면 200달러가 든다. 결국 릴은 브레트의 돈을 천천히 모두 가져가는 셈이다!

흥미롭게도 주사위를 얼마나 던지는가는 중요하지 않다. 모두 같은 눈이 나오는 것보다 모두 다른 눈이 나오는 것이 더 쉽다. 아니면……?

릴이 속임수라도 썼을까?

답:
그들은 6개의 면이 있는 주사위 7개를 던졌다. 릴이 주사위를 던졌을 때에 모두 같은 눈이 나올 확률은 46,656분의 1이지만, 브레트가 던졌을 때에 모두 다른 눈이 나오는 경우는 있을 수 없다.

짧게 연결하기

한편 루나골에 있던 플루그들은 심심해 하다가 떠나 버렸다. 골라크들은 플루그들이 정사각형 모양으로 놓인 네 개의 장치를 연결해서 발전소를 설치하려 했다는 것을 알아냈다. 정사각형의 한 변은 100m이고, 플루그가 남겨놓은 전선이 한 묶음 있었다. 네 개의 장치를 모두 연결해야 발전소가 작동된다. 하지만 문제가 있었다.

골라크가 정사각형의 대각선들이 서로 만나도록 그 장치를 연결하면 전선이 절약될까? 이것 참 좋은 질문이다.

정사각형의 대각선 길이는 얼마나 될까?

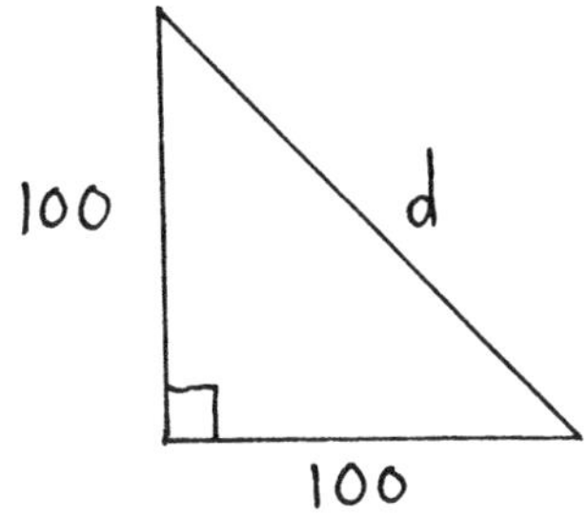

대각선 d는 두 변이 100m인 직각 삼각형의 빗변의 길이와 같다. 피타고라스의 정리에 따르면 이렇게 된다.

$d^2 = 100^2 + 100^2 = 10{,}000 + 10{,}000 = 20{,}000$

따라서 $d = \sqrt{20{,}000} = 141.42$m이다.

골라크들은 대각선 2개의 길이만큼 전선이 필요하므로 $2 \times 141.42 = 282.84$m가 필요하다. 처음에 생각했던 400m보다는 짧다. 하지만 불행하게도 그들에게는 280m밖에 없어서 아직 4개의 장치를 연결할 수는 없다.

오! 이런, 골라크들이 포기했다. 하지만 왜 플루그들은 전선을 280m만 남겨 놓았을까? 분명히 플루그들은 골라크보다는 똑똑하다. 그러니까 장치를 연결할 더 좋은 방법을 알고 있었던 것이 아닐까?

정사각형의 꼭짓점을 가장 짧게 잇는 방법은?

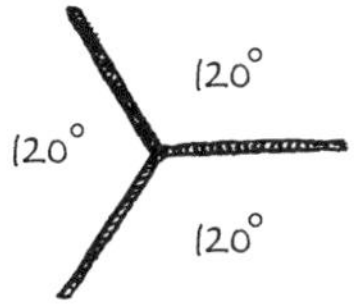

어떤 것을 셋이나 그 이상 연결하는 것

을 네트워크라고 부른다. 전선을 가장 짧게 사용하려면 전선들을 잇는 각도가 120°여야 한다.

플루그들이 네 개의 장치를 연결할 때에 전선은 이런 모양이면 된다. 전선이 만나는 각도는 120°이다.

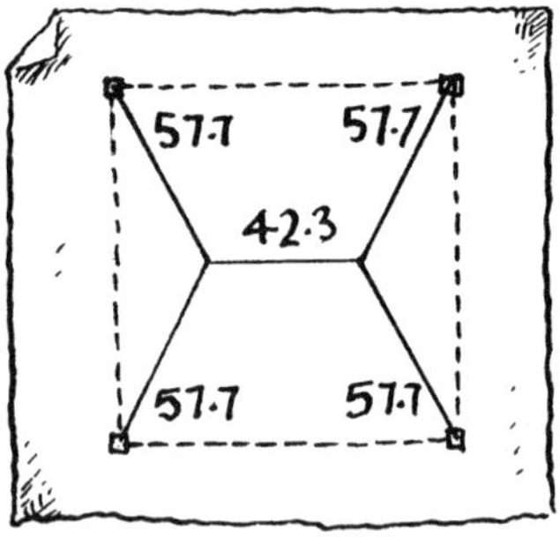

그럼 이렇게 되었을 때에 전선의 길이는 모두 얼마나 될까?

4 × 57.7 + 42.3 = 273.1m이다.

결국 전선의 길이가 280m면 충분하다는 뜻이다.

비눗방울로 이 '이상한 법칙'을 증명할 수 있을까?

물론이다. 대단하지 않아?

유리판 두 장을 준비한다. 유리판 한 장을 놓고 정사각형의 꼭짓점 위에 말뚝을 세우고, 다른 한 장을 그 위에 올려놓는다. 그리고 유리 두 장 사이에 비눗물을 지나가게 하면 말뚝을 연결하는 가장 짧은 길이 보인다! 비누 거품막이 종잇장처럼 오그라들면서 길을 표시해 주는데, 비눗방울 3개가 모이면 언제나 120°의 각이 생긴다.

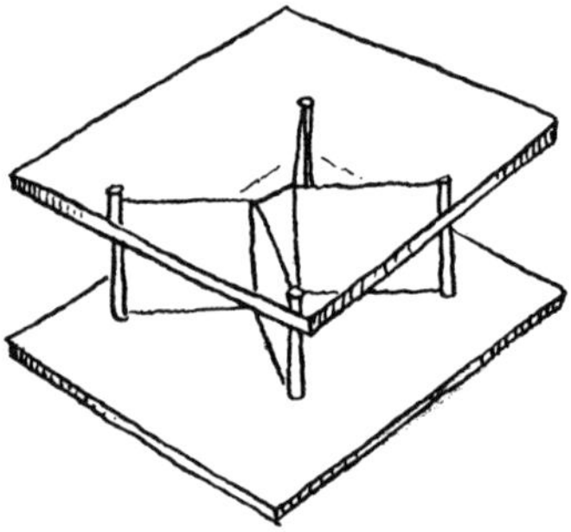

이 120°의 각은 정사각형들과 발전소에만 쓰이는 것이 아니고 네트워크를 연결하는 데라면 어디나 쓸 수 있다. 6개

의 샘을 연결할 때에 파이프가 120° 로 만나게 하면 가장 짧게 연결할 수 있다.

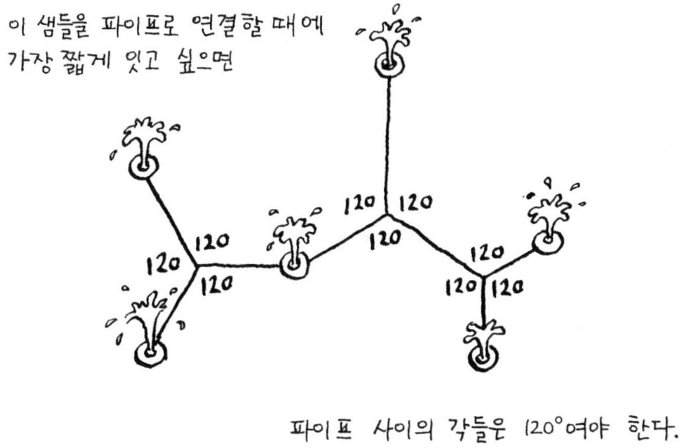

못 믿겠다면 전문가에게 물어 봐.

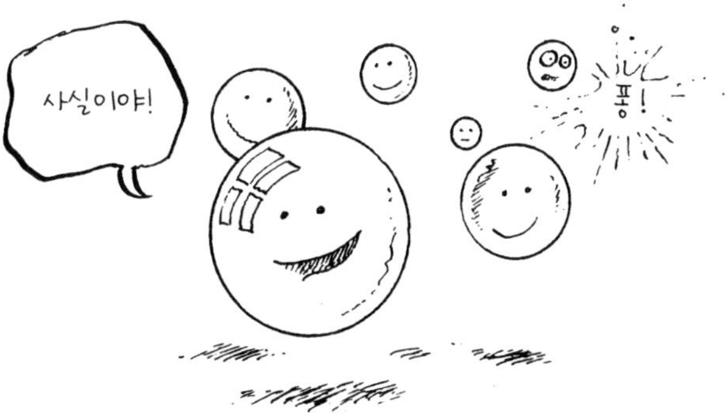

더운 공기가 필요해!

베로니카 검플로스의 생일이다. 퐁고가 베로니카를 위해 특별한 선물을 준비했다.

얼마나 공기를 집어넣어야 열기구가 뜰까?

열기구가 두 사람을 태울 수 있으려면 부피가 $1,200m^3$는 되어야 한다. 부피를 리터(ℓ)로 바꾸면 계산하기 쉬워지는데, $1m^3$는 1,000ℓ이므로 $1,200 \times 1,000 = 1,200,000$ℓ이다.

이 부피를 퐁고가 한 번에 불어 넣을 수 있는 공기의 양으로 나누어야 한다. 대부분의 사람들이 한 번에 불어 넣을 수 있는 공기의 양은 3ℓ정도 된다. 물론 운동선수라면 6ℓ정도까지는 불어 넣을 수 있다.

그러니까 열기구에 공기를 모두 채우려면 $1,200,000 \div 3 = 400,000$번 정도 불어 넣어야 한다. 어때, 엄청나게 불어야 채울 수 있겠지?

공기를 넣는 데 얼마나 걸릴까?

숨을 깊게 들이쉬고 내쉬는 데는 5초 정도 걸리니까 $400,000 \times 5 = 2,000,000$초가 걸린다. 쉬지 않고 하더라도 3주 넘게 걸린다는 뜻이다!

꼭 기억할 것 : 〈앗! 시리즈〉 팀은 교양 있는 여러분에게 불쾌감을 드리고 싶지는 않다. 그래서 우리는 퐁고가 후추 새싹 수프로 만들어 낸 뜨거운 가스를 터뜨리는 것을 점잖게 표현하고 싶다.

바지에서 '피익' 소리가 얼마나 나야 기구를 뜨거운 공기로 가득 채울 수 있을까?

보통 바지에서 한 번 피익 소리가 날 때에 0.05ℓ 부풀어 오른다. 전문가들은 욕조에 물비누를 넣은 다음에 등을 기대고 신문을 보는 동안에 만들어지는 거품의 양으로 측정했다.

기구의 부피는 1,200,000ℓ 이니까 바지에서 피익 소리가 나는 횟수를 구하려면 1,200,000 ÷ 0.05 = 24,000,000번이다.

결론은 2400만 번 피익 소리를 내야 자그마한 열기구를 부풀릴 수 있다는 뜻이다. 더 큰 열기구는 15,000,000ℓ 이상이므로 적어도 3억 번 이상은 피익 소리를 내야 한다. 여러분이 우아한 친구들과 함께 밖에 나가서 하늘에 당당하게 떠 있는 커다란 열기구를 보았을 때에 이런 이야기를 해 준다면 분위기가 아주 좋아질 것이다.

완벽한 연을 어떻게 빨리 만들지?

장소: 태평양의 거대 거미 섬

날짜: 1929년 8월 31일

시간: 오전 11시 10분

배는 아직 수평선 위에 있었지만 곧 사라져 버릴 것이다. 바닷가에 있던 남자들은 커다란 연을 실망스럽게 바라보았다.

"두 변이 짧고, 두 변이 길어."

머리를 갸우뚱거리며 면도날이 중얼거렸다.

"그런데 왜 못 나는 거야?"

"내가 아까도 말했지만 모양이 잘못 됐어."

위즐이 짜증스러운 듯 말했다.

"뾰족한 끝부분이 있어야 돼."

"이걸 다 분리해서 다시 만들어야겠어."

삼겹살이 진지하게 말했다.

"그럴 시간이 없다고!"

면도날이 한심하다는 듯이 말했다.

"우리는 자르고 다시 이을 시간밖에 없어. 이걸 어떻게 해야 하지?"

연이 '두 개의 짧은 변과 두 개의 긴 변'으로 이루어져 있다고 해도 한 가지 모양은 아니다. 직사각형일 수도 있고 평행 사변형일 수도 있다. 면도날이 만든 모양은 직사각형이었고, 운 좋게도 이 모양은 한 번만 자르면 연 모양을 바꿀 수 있다.

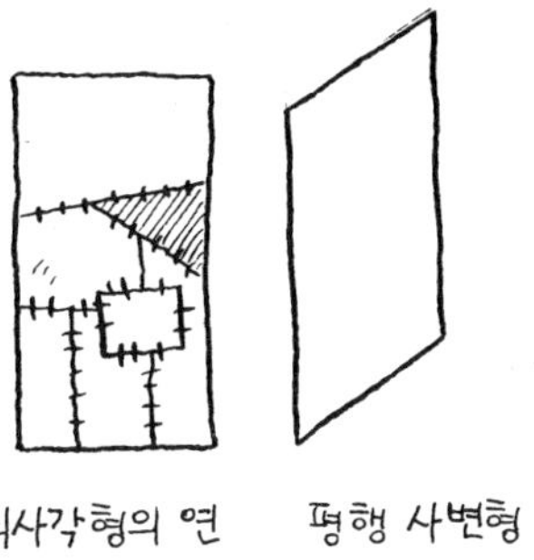

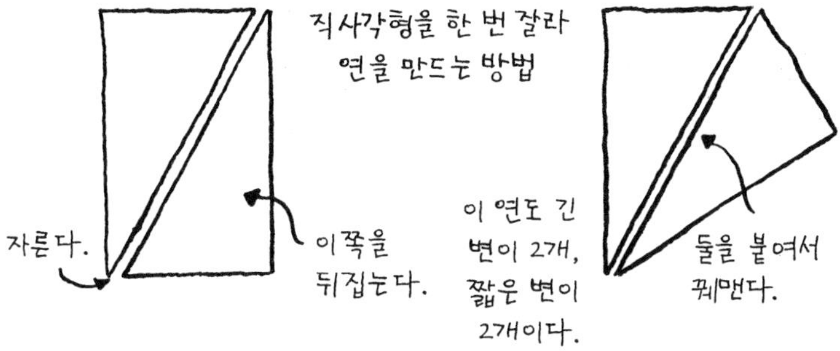

연은 두 각의 크기가 같아야 하는데, 일반적으로 양쪽 각이 모두 90° 면 더 멋있게 보인다. 직사각형을 잘라서 뒤집어 붙여야 하는 이유가 이것이다!

"드디어 연이 뾰족하게 됐어."

신이 난 면도날이 말했다.

"이제 날려 보자!"

"방금 생각났는데, 한 가지가 더 있어야 돼."

위즐이 다급히 말했다.

"뭐?"

위즐을 둘러싸고 있던 남자들이 동시에 소리쳤다.

"하늘을 잘 날려면 뾰족한 부분에 추를 달아 주고, 꼬리도 있어야 해."

남자들은 주위를 둘러보았다. 돌덩이나 바위들이 많이 있었지만 연 끝에 묶는 것이 쉬울 것 같지 않았다.

"어쩌지?"

걱정스러운 듯이 위즐이 말했다.

"이것 봐, 면도날. 네 머리를 써 봐. 너라면 어떻게 하겠어?"

"딱 맞는 게 떠올랐어."

면도날이 말했다.

"그렇게 하면 연이 흔들리지 않고, 여기에서 똑바로 날아가 누구라도 발견하게 될 것 같아."

"어떻게 하면 되는데?"

궁금한 듯 위즐이 물었다.

골치 아픈 상황이지만 면도날의 입가에는 짓궂은 미소가 흘렀다.

"맞춰 봐."

면도날이 말했다.

"그렇게 날 쳐다보지 마."

위즐이 말했다.

하지만 면도날은 계속 위즐을 보고 있었다. 사실은 그들 모두가 위즐을 보고 있었다.

다음에 계속…….

가장 큰 수는 뭘까?

여러분이 가장 좋아하는 큰 수를 생각하고 거기에 1을 더하면 더 큰 수가 만들어진다. 그러니까 가장 큰 수는 끝없이 이어진다. 이런 것을 보통 무한대라고 한다. 우리들의 순수한 수학자에게 무한대를 빼고 가장 큰 수가 무엇인지 물어 볼까?

오, 그것 참 재미있군. 하지만 무한대가 어떤 것인지 떠올린다는 것은 불가능하다. 큰 수를 상상할 수 있는 유일한 방법은 우리가 이해할 수 있는 어떤 수에서 시작해서 계속 키워 나가는 것이다. 먼저 우리가 잘 알고 있는 몇 개의 수들을 살펴보자.

1,000은 그림이 없는 이 책 1쪽에 인쇄된 글자 개수 정도일 것이다.

10,000 프랑스 사람들이 단위로 미터법을 쓰기로 정했을 때에 그들은 북극에서 적도까지의 거리를 10,000km로 정했다.

100,000은 여러분 머리에 난 머리카락 개수와 거의 비슷하다.

1,000,000은 바닷가에 양동이로 만든 모래성이 세워져 있을 때, 그 양동이에 들어있는 모래 알갱이 개수이다.

1,000,000까지 세려면 얼마나 걸릴까?

1초에 하나를 센다면 11일 하고도 반나절 정도는 걸린다. 쉬운 일이 아니다! 자거나 먹지도 말고, 좋아하는 텔레비전 프로그램을 볼 수도 없고, 숫자들이 말썽을 일으킬 수도 있다. "하나, 둘, 셋." 이렇게 셀 때는 1초에 하나씩 세는 것이 엄청 느린 것 같지만 54,911을 오만사천구백십일로, 200,222를 이십만이백이십이로, 756,834를 칠십오만육천팔백삼십사로 세려면 얼마 지나지 않아 짜증이 날 것이다. 이 숫자들을 1초에 하나씩 읽어 보시라!

큰 수를 쉽게 쓰는 방법은 없을까?

먼저 백만부터 시작해 보자. 0을 많이 써야 하는 것이 좀 지루할 것이다. 백만은 '1과 0 여섯 개'로 기억하고 있으면 되고, 좀 더 멋진 방법은 10^6으로 쓰는 것이고 이렇게 계산한다.

$$10^6 = 10 \times 10 \times 10 \times 10 \times 10 \times 10 = 1{,}000{,}000$$

수학자들은 다음과 같이 큰 수를 표현한다. 2,000,000을 쓰고 싶다면 2×10^6으로 나타낸다. 좀 더 복잡한 수인 2,340,000은 2.34×10^6이라고 쓴다. 이 수에서 가장 중요한 부분은 조그

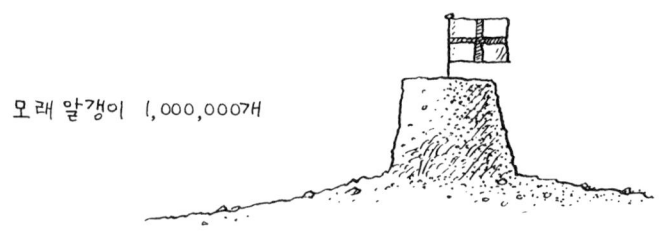

맞게 씌인 6이라는 숫자이다. 6을 보고 이 수가 100만 자리를 뜻함을 알 수 있다. 2.34는 100만이 몇 개 있는지를 알려 준다.

수학자들은 5.718×10^4이라는 숫자를 보면 4를 먼저 살펴본다. 4라는 숫자가 10,000자리까지 다뤄야 함을 알려 주니까.

계산기에 2.3781 E9라고 써 있다면 이건 무슨 뜻일까?

E9는 2.3781×10^9을 해야 한다는 뜻이다. 2.3781 × 1,000,000,000과 같은 뜻인 것이다. 그러니까 2.3781 E9 = 2,378,100,000이다.

10억, 1조, 1,000조는 무엇과 같을까?

10^9 1,000,000,000 = **10억**

- 한국에서는 10억이라고 하고 영어로는 빌리언(billion)이라고 한다. 또 빌리언은 1조라는 뜻도 있는데, 1,000,000,000,000나 10^{12}이라고 쓴다. 하지만 미국이나 다른 대부분의 나라에서는 10억이라는 뜻으로만 쓰인다. 또 1,000,000,000달러 이상을 가진 부자들을 억만장자라고 부른다.
- 1페니 동전 10억 개를 한 줄로 세워 놓으면 남극에서 북극까지 이어진다.
- 잔디 이파리 10억 개를 가지고 축구장 20개 정도를 덮을 수 있다.
- 쓸모없는 사실: 10억은 영어로 그 수를 나타내는 글자 수와 숫자의 개수가 같다.

  1 0 0 0 0 0 0 0 0 0

  o n e b i l l i o n

10^{12} 1,000,000,000,000 = **1조**

- 1페니 동전 1조 개를 늘어놓으면 버밍엄보다 더 넓은 땅을 뒤덮을 수 있다.
- 물방울을 1조 방울 모으면 올림픽 규격의 수영장 20개를 채울 수 있다.
- 1조 초는 약 31,688년이다.
- 1조 분은 거의 200만 년이다.
- 1조 시간 전이면 거의 1억 1400만 년 전이다. 공룡의 번성기였으며 개미는 막 나타날 무렵이다. 거대한 공룡이 작은 개미와 싸우는 것을 상상이나 할 수 있을까? 어떻게 되었는지는 잠시 뒤에 알 수 있다.

10^{15} 1,000,000,000,000,000 = **1,000조**

- 누군가 지구 상에 1,000조 마리의 개미가 있다고 말했다. 그리고 공룡은 한 마리도 없다. 그러니 개미가 이긴 것이다.

1,000조보다 큰 수는 뭘까?

우리는 숫자들이 매우 귀여운 이름을 갖고 있다는 것을 알게 되었지만, 어느 정도일지 상상하는 것은 불가능하다. 하지만 그렇다고 더 커지는 것을 막지는 않는다! 여기 여러분이 감탄할 만한 것들이 있다.

10^{22} = 100해 10^{22}을 한 단위로 나타내는 특별한 낱말은 없다. $10 \times 10^{21} = 10^{22}$이다. 이것은 지구 상에 있는 모든 사막과 바닷가의 모래를 합한 것과 같은 수라고 생각할 수 있다. 이 수는 지구

상의 모든 개미들이 작은 모래성을 10개씩 가지고 있을 때에 그 모래 알갱이와 같은 수이다.

7×10^{27} = 7000자 검은 모자를 쓴 어른 카우보이에게 들어 있는 원자의 수. 맞다. 0이 27개 나온다.

2×10^{36} = 2간 빙키가 64개의 음표로 만들 수 있는 화음의 개수이다. 기억나지 않으면 13쪽을 보길!

8×10^{67} = 8,000불가사의 10^{66}은 100불가사의이다. 10^{67}을 부르는 말은 따로 없다. 여러분이 카드 52장을 차례대로 늘어놓는 방법이 이만큼 된다. $52 \times 51 \times 50 \times \cdots$ 점점 내려가면서 $\cdots \times 3 \times 2 \times 1$.

10^{79} 어떤 사람들은 온 우주에 이만큼의 원자가 있다고 생각하고 있다. 물론 그들도 아직 세어 본 적은 없겠지만. 이것은 아직 적당한 이름을 얻지 못했다.

10^{10^2} 또는 10^{100} 이것을 구골이라고 한다. 1 뒤에 0이 100개 붙는다.

$10^{10^{10^2}}$ 또는 $10^{\text{구골}}$ 이것은 구골플렉스라고 한다. 1 뒤에 0이 구골 개만큼 붙는다.

이제 준비가 끝났겠지? 이번에는 큰 수 중에서 잘 알려진 네 가지를 작은 것부터 소개할 테니 기대하시길!

지금까지 알려진 것 중에서 가장 큰 소수

소수는 오직 자기 자신과 1로만 나누어진다. 물론 '가장 큰' 소수라는 말을 쓸 수는 없다. 찾을 수가 없기 때문이다. 여러분이 이 책을 읽고 있는 동안에도 거대한 컴퓨터들은 더 큰 소수를 찾기 위해 윙윙 돌아가고 있을 것이다. 우리는 지금까지 두 가지 이유로 가장 큰 소수를 이 책에 소개하지 않았다.

1. 여러분이 이 책을 읽고 있는 순간에 더 큰 소수가 발견될지도 모르기 때문이다.

2. 2008년 8월에 12,978,189개의 숫자로 이뤄진 소수가 발견되었다. 이 책에 소개하면 200권 정도를 가득 채울 수 있을

것이다. 정말인지 알고 싶다면, 여러분 스스로 계산해 보면 된다. 공식은 이것이다: $2^{43,112,609}-1$.

경고! 여러분이 계산기로 계산하고 싶다면 계산기 화면이 50km는 되어야 한다.

아르키메데스의 모래알 계산기

2000년 전에 그리스의 천재 학자 아르키메데스는 온 우주를 가득 채우려면 모래알이 몇 개나 필요한지 계산해 보기로 마음먹었다. 그 당시에는 가장 큰 수로 10,000(10^4)을 뜻하는 미리어드를 쓰고 있었다.

아르키메데스는 불평을 하면서 미리어드끼리 곱하기를 해서 1미리어드 미리어드를 구했다. 100,000,000(또는 10^8)이다.

그 다음에는 1미리어드 미리어드에 미리어드 미리어드를 제곱하고, 그 다음에 또 미리어드 미리어드를 제곱했다. 그래서 마지막에는 1에 0이 80,000,000,000,000,000개 붙는 수를 구했다.

스큐스 수

이 아름다운 수는 소수와 연관이 있다. 0과 100 사이에는 소수가 25개 있다. 101과 200 사이에는 21개의 소수가 있다. 201과 300 사이에는 16개가 있다. 소수는 수가 커질수록 더 적게 나온다. 하지만 1933년에 사무엘 스큐스는 좀 더 평범한 방법으로 큰 소수를 구해 나갈 수 있다는 것을 보여 주었다. 어떻게 하면 큰 수를 구할 수 있을까?

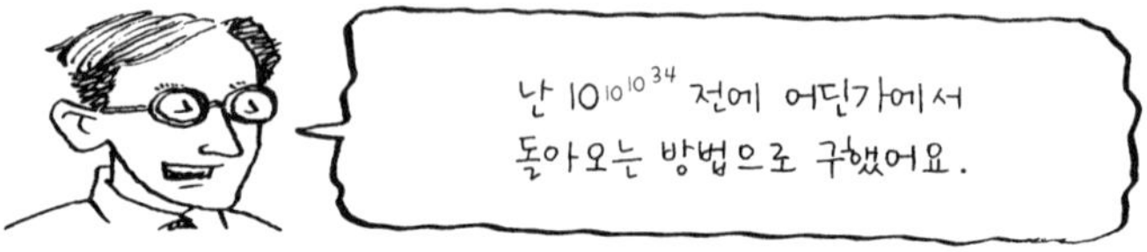

난 $10^{10^{10^{34}}}$ 전에 어딘가에서
돌아오는 방법으로 구했어요.

이 수는 꽤 크다. 이것을 구하려면 맨 꼭대기에 있는 가장 조그만 수를 구하는 것부터 시작해야 한다.

$$10^{34} = 10{,}000{,}000{,}000{,}000{,}000{,}000{,}000{,}000{,}000{,}000{,}000$$

지금까지는 잘 했다. 이제 다음에 나오는 10을 함께 계산해 보자.

$\mathbf{10^{10^{34}}}$는 1 다음에 0이 10^{34}개 나온다. 1 다음에 0이 34개 나오는 것이 아니다. 그것은 이미 구했다. 1 다음에 0이 10억의 10억 제곱에 10억 제곱에 천만 제곱 한 것만큼 나온다. 우리가 한 줄로 이 수를 적으려면 한 쪽의 길이가 우주를 10,000번은 돌고도 남을 정도로 길어야 한다. 그리고 읽기도 엄청나게 지루할 것이다.

이 수가 아르키메데스의 모래알 계산기보다 큰 수이기는 하지만, 구골플렉스보다는 조금 더 작다. 그래도 큰 수 10위 안에는 드니까 실망하지 말도록!

이 수는 1과 수많은 0으로 이루어져 있는데 0이 우주를 10,000번 가로지를 수 있을 만큼 많아야 한다. 온 우주를 원자로 해체한다고 생각해 보자. 그것들을 다시 되돌려 놓는 방법이 몇 가지가 있을까? 이 수가 바로 그것이다.

사실 현대 컴퓨터는 스큐스의 소수 문제에 대한 답이 이 수보다 더 작다는 답을 내놓고 있다. 하지만 우리는 정답이 아니라 잘 알려진 답을 찾는 중이다.

세계적으로 기록된 가장 큰 수 중 가장 유명한 수는 무엇일까?

답은 그레이엄의 수이다.

R.L. 그레이엄은 숫자에 관한 문제에 대한 답을 찾고 있었다. 그는 적기 힘든 큰 수를 독특한 방법으로 기록했다. 이 방법을 개발한 도널드 크누스의 이름을 따서 '크누스의 화살표 표기법' 이라고 부른다. 그는 3^3을 3↑3이라고 썼고 3×3×3 = 27이라는 뜻이다. 3↑↑3이라고 쓰면 3^{3^3}으로 3^{27}= 7,625, 597,484,987이다. 보다시피 화살표를 하나나 두 개만 더 써도 수의 세계에서는 엄청나게 큰 일이 벌어진다. 3↑↑↑↑3 같은 수는 생각하기도 싫은데, 너무 커서 지구 위에 올려놓기도 힘들다. 화살표 개수가 3↑↑↑↑3인 3↑↑↑……↑↑↑ 3인 수를 상상해 보자. 그 수를 구하려면 두 개의 3 사이에 있는 화살표부터 구해야 한다. 그리고 또 다시 그런 일을 63번 해야 한다. 빙고! 이것이 바로 그레이엄의 수이다. 답으로 나올 수 있는 가장 큰 수이다.

이것 참 기막힌 답이다. 그레이엄 전에는 스큐스가 최고처럼 보였는데, 그레이엄의 수가 영광스런 자리를 차지했다.

그러니까 뭐가 문제야?

1930년에 프랭크 플럼턴 램지는 무언가가 충분히 있다면 언제나 규칙을 발견할 수 있다는 것을 증명했다. 그는 또한 재미있는 중간 이름을 가졌다고 캔터베리 대주교의 동생이 아니라는 법도 없다는 것도 보여 주었다. 사실이다. 그의 형이 캔터베리의 대주교이다!

다시 본론으로 돌아와서, 하늘에는 수많은 별이 있고 어딘가에 있는 어떤 별들은 큐브의 꼭짓점 모양으로 완벽히 이어진다.

어떻게 찾는지를 게임으로 할 수도 있다. 색깔이 다른 펜을 준비하자. 검정, 빨강, 그리고 초록이면 된다.

- 검정색으로 원을 그리고 선 위에 점을 몇 개 찍는다.
- 빨강과 초록 펜으로 모든 점이 다른 점과 만나게 선으로 잇는다.
- 완전한 삼각형이 서로 다른 색으로 이어지게 그려야 한다. 완전한 삼각형은 원에 찍은 점이 꼭짓점이 된다.
- 친구와 게임을 할 때는 각각 다른 색깔의 펜을 준비해서 자기 차례가 되면 선을 긋는다. 먼저 완전한 삼각형을 만드는 사람이 지는 것이다!

여러분은 셋, 넷, 또는 다섯 개의 점이 있을 때는 삼각형이 한 가지 색으로 만들어지지 않는 것을 알게 된다. 하지만 점이 여섯 개나 그 이상이면 불가능하다!

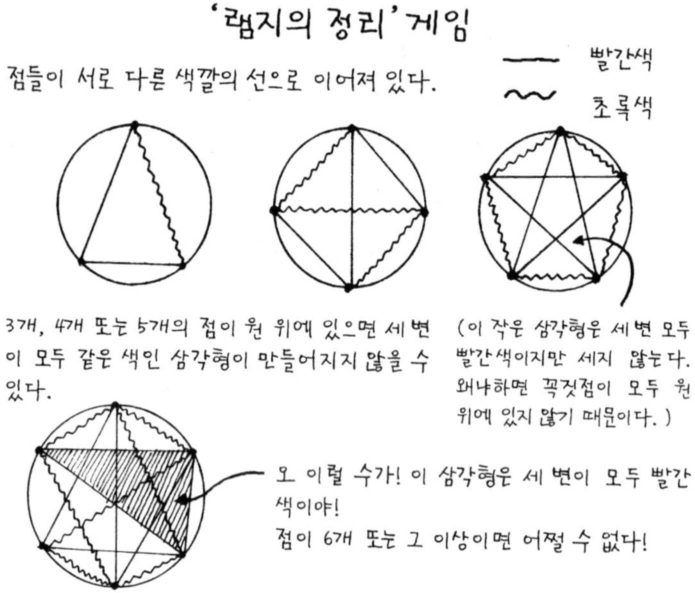
'램지의 정리' 게임
점들이 서로 다른 색깔의 선으로 이어져 있다.
빨간색
초록색
3개, 4개 또는 5개의 점이 원 위에 있으면 세 변이 모두 같은 색인 삼각형이 만들어지지 않을 수 있다.
(이 작은 삼각형은 세 변 모두 빨간색이지만 세지 않는다. 왜냐하면 꼭짓점이 모두 원 위에 있지 않기 때문이다.)
오 이럴 수가! 이 삼각형은 세 변이 모두 빨간색이야!
점이 6개 또는 그 이상이면 어쩔 수 없다!

세 가지 색깔로 그려 보자. 점이 17개 이상(색칠한 선은 136개가 될 것이다.)이 되지 않는다면 삼각형은 한 가지 색으로 그려지지 않는다.

그 밖에 두 가지 색깔을 쓰면서 같은 색이 아닌 사각형을 만드는 경우도 생각해 보자. 이때 원에 점이 18개나 그 이상이 되면 다른 색으로 그리는 것은 불가능해진다. 이번에는 5각형을 생각해 볼까? 아무도 다른 색으로 이루어진 5각형을 만들기 위해 점이 몇 개 이하여야 하는지 모른다. 43과 49사이인 것은 확실하다. 이건 너무 애매하다, 그렇지?

여러분이 색깔과 변과 크기를 더 늘리면 늘릴수록 정확한 답을 찾기 어려울 것이다. 결국 그 답은 6과 그레이엄의 수 사이에 있는 어떤 수가 될 것이다. 그것보다 더 애매한 것은 없을 것이다!

카레 햄버거 문제

퐁고는 자신의 햄버거 포장마차를 쿠마르의 가게인 라비누스 라자 식당 옆에 세워 놓았다. 라비누스 라자 식당과 퐁고네 가게는 똑같이 카레 햄버거 할인 행사를 하고 있다. 모두 30개씩이고, 햄버거도 똑같다.

- 퐁고는 한 봉지에 3개를 넣고 파는데, 30개면 모두 10봉지에 들어간다. 각 봉지는 12파운드(£)라서 퐁고는 10 × £12 = £120를 받고 싶어 한다.
- 쿠마르는 2개를 한 봉지에 넣어서 팔고 있으므로 30개면 15봉지이다. 쿠마르는 한 봉지에 12파운드를 받고 있으므로 15 × £12 = £180이다.
- 두 가게에서 햄버거를 모두 팔게 되면 £120 + £180 = £300를 벌게 된다.

하지만 쿠마르는 퐁고의 햄버거 포장마차가 보기에 좋지 않다고 생각하여 점잖게 거래를 하자고 했다. 쿠마르는 퐁고의 햄버거를 가져와서 팔아주겠다고 했다. 퐁고의 햄버거는 3개에 12파운드이고, 쿠마르는 2개에 12파운드이니 공평하게 햄버거 5개에 24파운드에 팔자고 했다. 퐁고도 그러자면서 자신의 햄버거를 건네주고는 가 버렸다.

이제 쿠마르가 팔아야 하는 햄버거는 60개가 되었고, 한 봉지에 5개를 넣어서 팔고 있다. 봉지마다 24파운드이고, 햄버거가 다 팔려서 받은 돈은 12 × £24 = £288이다.

퐁고와 쿠마르가 햄버거를 따로따로 팔았다면 300파운드였어야 한다. 12파운드는 어디로 갔을까?

답:

퐁고와 쿠마르는 햄버거 하나 가격을 구했어야 했다. 퐁고는 3개에 12파운드로 팔고 있었으니 한 개에 4파운드이다. 쿠마르는 2개에 12파운드이니 한 개에 6파운드이다. 햄버거 가격의 평균은 (£4 + £6) ÷ 2 = £5이다. 여기에다가 팔아야 하는 햄버거 개수를 곱하면 60×£5= £300이다. 이게 퐁고와 쿠마르가 기대했던 값이다! 쿠마르가 봉지마다 5개를 넣어서 팔고 싶었으면 가격을 5 × 평균 가격으로 정했어야 한다. £5 × 5 = £25로 말이다. 말할 것도 없이 이렇게 12봉지를 다 팔았으면 12 × £25 = £300이다.

연은 얼마나 높이 올라갈까?

장소 : 태평양의 거대 거미 섬

날짜 : 1929년 8월 31일

시간 : 오전 11시 15분

"내려 줘!" 위즐이 소리쳤다. 위즐의 발은 모래밭 위를 스쳐 지나며 동동거리고 있었다. 전기톱 찰리와 한 손가락 지미는 연을 붙잡고 있었고, 그 덩치 작은 남자는 멜빵을 연살에 묶인 채로 매달려 있었다.

"그만 징징거려." 면도날이 말했다.

"연에 매달 수 있는 무게가 되는 건 너뿐이잖아. 좋아, 친구들. 날리자!"

다른 남자들이 밧줄의 끝을 잡아당겼고, 아니나 다를까 위즐은 공중으로 날아올라가 바다 위를 맴돌았다.

"와!"

모두 함성을 질렀다. 그들은 밧줄의 끝 부분을 커다란 바위에 묶어 놓고는 수평선을 바라보았다. 배는 아직 거기 있었다. 하지만 누가 연을 볼까? 누군가 연 끝에 매달려서 발버둥치는 덩치 작은 남자를 보게 된다면 아마 이런 소리도 들었을 것이다.

"내려 줘!" 비명소리다.

"내려 달라고!"

"위즐이 충분히 높이 올라갔다고 생각해?" 면도날이 물었다.

"밧줄이 50m는 돼." 반쪽 미소가 말했다.

"하지만 똑바로 위로 올라가지는 못하니까, 그 높이는 아닐 거야."

"위즐이 얼마나 올라갔는지 알 수 있는 방법은 없는 것 같은데." 면도날이 말했다.

그 순간에 위즐의 왼발에서 신발이 벗겨져서 바로 아래 바닷가에 떨어졌다.

사실 면도날이 피타고라스의 정리를 이용한다면 위즐이 얼마나 높이 올라갔는지 정확하게 알 수 있다! 밧줄의 길이는 50m이니, 밧줄이 땅과 만나는 지점부터 위즐의 신발이 떨어진 곳까지 거리를 알면 된다. 그 거리가 40m라고 생각해 보자. 그럼 아래와 같은 직각 삼각형이 그려진다.

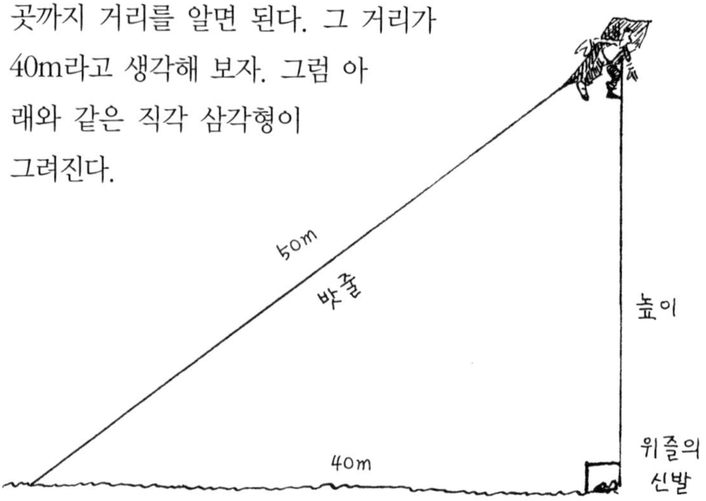

높이^2 + 40^2 = 50^2 임을 알게 해준 피타고라스의 정리에 감사한다.

따라서 높이^2 = $50^2 - 40^2 = 2{,}500 - 1{,}600 = 900$이다. 마침내 답이 나왔다. $\sqrt{900} = 30$m이다.

하지만 피타고라스의 정리는 면도날에게는 조금 어렵다. 연이 얼마나 높이 올라갔는지 구할 수 있는 또 다른 방법이 있다. 면도날은 위즐의 신발 옆에 지미를 서게 한다. 면도날이 연필을 들고 지미에게서 연까지 닿도록 세운다. 그러고 나서 면도날은 연필을 땅에 눕히고 연필심이 닿는 곳이 얼마나 떨어져 있는지 살핀다. 지미가 연필을 따라 연필심 끝까지 걸어간다. 지미가 걸어간 거리가 바로 연의 높이와 똑같다!

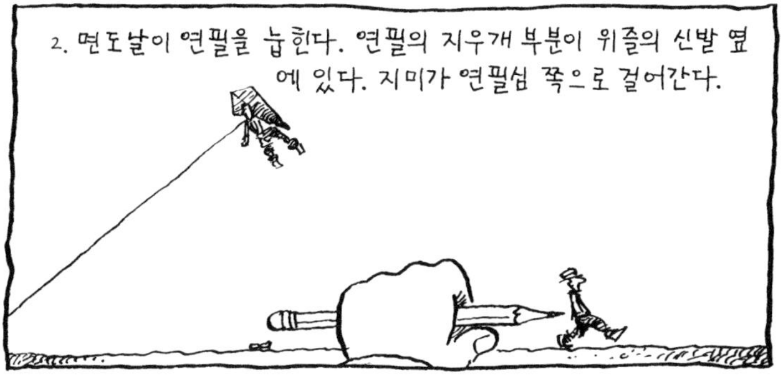

배에 있는 사람들의 시선을 끌만큼 위즐이 높이 올라갔었나 보다.

"배가 돌아오고 있어!"

위즐이 신이 나서 소리쳤다.

"이쪽으로 오고 있어!"

여섯 남자는 크게 함성을 지르며 바닷가로 뛰어왔다.

"좋은 소식이야."

위즐이 아래를 향해 소리쳤다.

"나쁜 소식도 있어?"

면도날이 놀란 얼굴로 외쳤다.

"죄수선이야."

실망한 위즐이 말했다.

다음에 계속…….

거인이 재채기를 하면 지구가 궤도에서 벗어날까?

이 얼마나 훌륭하면서도 재치 있고, 수준 높은 질문인가? 세상 사람들이 모두 모여서 한꺼번에 같은 시간에 재채기를 해 보자! 어떤 일이 벌어질까?

> 친애하는 수학광 씨!
>
> 난 이번 장에 나오는 재채기에 대해서 불평을 하고 싶소. 재채기할 때에 나오는 세균들은 매우 고약한데, 한 시간에 100m나 날아갈 수 있소. 그러니까 당신은 코를 풀 휴지를 항상 들고 다녀야만 하고, 쓴 휴지는 멀리 버려야 하오.
>
> 당신의 친구 보기노스가
>
> 추신 : 휴지를 버려야지, 당신 코를 버리면 안 된다오.

그래그래, 우리도 험악한 재채기 세균에 대해서는 알고 있다. 하지만 이 책을 보면 이미 거대 거미, 빙글빙글 돌아가는 달에 있는 외계인, 연에 매달려 있는 사람, 퐁고 맥휘피의 후추 범벅 새싹 수프 등이 나온다. 우리는 우리의 독자들이 충분히 교양 있는 사람들이라고 믿고 있다.

> 친애하는 수학광 씨!
>
> 좋아요. 사람들이 재채기할 때에 같은 종이 봉지에만 하지 않으면 됩니다.
>
> 당신의 친구 보기노스가

오, 지금 갑자기 한 가지가 떠올랐는데 그건 바로…….

그럼 질문으로 돌아가 보자. 계산하기 전에 같은 크기의 스케이트를 신은 두 사람이 있다고 생각해 보자. 그들이 서로를 밀면서 스케이트를 타고 있다면, 그들은 반대 방향으로 같은 거리만큼 움직일 것이다. 한 사람이 다른 사람보다 3배 더 무겁다면 그를 움직이게 만드는 힘도 3배 더 커야 하기 때문에 그는 거리의 $\frac{1}{3}$만 움직일 것이다. $\frac{1}{3}$은 작은 사람의 몸무게를 큰 사람의 몸무게로 나눈 것이다.

덩치 큰 사람 대신에 지구가 있다고 생각해 보자. 덩치 작은 사람 대신에 지구의 모든 사람이 하는 재채기를 모아서 거대한 구름을 만들었다고 생각해 보자. 우리가 먼저 측정해야 하는 것은 한 번 재채기를 할 때에 코에서 나온 것들이 얼마나 멀리까지 갈 수 있냐는 것이다. 우리는 최대한 약 1m까지 날아갈

것이라고 생각했다. 어떤 사람들은 그것보다 덜 할 것이고, 올림픽 출전 선수들이 재채기를 한다면 분명히 다른 사람보다는 멀리 날아갈 것이다. 몇 년 동안 구멍을 파놓고 그것보다 멀리 보내기를 연습할 테니까.

다음으로는 재채기를 했을 때에 나오는 것들의 무게를 재어야 한다. 폭스워스 저택의 집사 크로크 씨가 친절하게도 우리를 도와주기로 했다. 모두 저녁 식사를 하려고 모였을 때에 크로크 씨가 후추로 자그마한 '사건'을 일으키리라고는 어느 누구도 짐작하지 못했다.

걱정할 것 없다. 재채기의 평균 무게는 10g로 가정하겠다. 10g은 0.01kg이다. 지구에 약 6,800,000,000명의 사람들이 있다고 하면 재채기를 해서 나온 것들을 모두 합한 무게는 0.01 × 6,800,000,000 = 68,000,000kg이다. 이것은 68,000톤의 무게와 같고, 대형 트럭 2,000개를 가득 채운 무게와도 같다.

지구의 무게는 약 6,000,000,000,000,000,000,000,000kg이다. 재채기에서 나온 것들이 1m를 움직이면 지구는 이렇게 움직일 것이다.

$$\frac{68,000,000}{6,000,000,000,000,000,000,000,000} \times 1\text{m}$$

$$= 0.00000000000000001133\text{m}$$

이것은 약 1×10^{-17}m이고 10아토미터쯤 된다. 그리고 단일 원자 너비의 약 100만분의 50쯤 된다. 잘 모르겠으면 60쪽을 다시 보시길! 그러니까 답은 '아니다' 이다. 지구는 궤도를 벗어나지 않을 것이다.

재채기를 해서 모은 것들이 68,000톤이나 되는데 궤도를 벗어나지 않는다니 실망스러워 할 것 같다. 실험해 보는 게 낫겠지? 좋아, 모두 후추를 준비하고 위를 보고…… 잠깐만! 이게 뭐지? 골라크들이 달을 포기하고 대신 지구를 점령하기로 결정했다. 운 좋게도 우리는 대응할 준비를 하고 있다.

에에에취
쉬이이익!

신기한 수갑

지금까지 이 책에는 어마어마한 수와 계산들이 나왔는데 이제 약간 다른 것을 해 보자. '위상 기하학' 이라고 불리는 완전히 다른 종류의 수학이다. 이것은 모든 구멍들과 그것들을 어떻게 연결시킬까에 대한 문제들이다. 어떤 일이 일어나는지 보여 주기 위해서 우리는 약간 특별한 수갑을 사용할 생각이다. 주의 깊게 보길! 여러분이 지금 보는 것은 매우 신기한 것이다!

수갑을 망가뜨리지 않고 연결할 수 있을까?

여러분이 직접 수갑을 만들어서 체험해 볼 수도 있다. 처음에는 따로 떨어져 있던 두 개의 고리가 나중에는 연결되어야만 한다.

고리 하나를 풀어서 다시 연결시키지 않는 다음에야 불가능할 것처럼 보인다. 하지만 그림을 보라!

직접 해 보기 전에는 믿어지지 않을 것이다. 해 보고 나서도 믿어지지 않을 것이다.

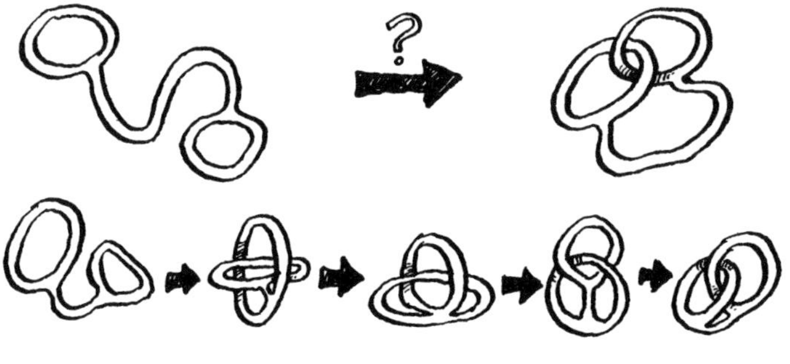

수갑이 어떻게 머그잔 손잡이에서 빠져나올까?

여기에 더 이상한 것이 나온다. 수갑을 잘 조작하는 것이 중요한데, 우리가 머그컵 손잡이 같이 단단한 물체에 수갑의 두 고리를 모두 고정시킬 수 있을까? 또 그것을 깨뜨리지 않고 고리 하나를 풀 수 있을까?

불가능해 보이지? 〈앗! 시리즈〉 팀이 가장 잘 하는 것은 불가능에 도전하는 것이다.

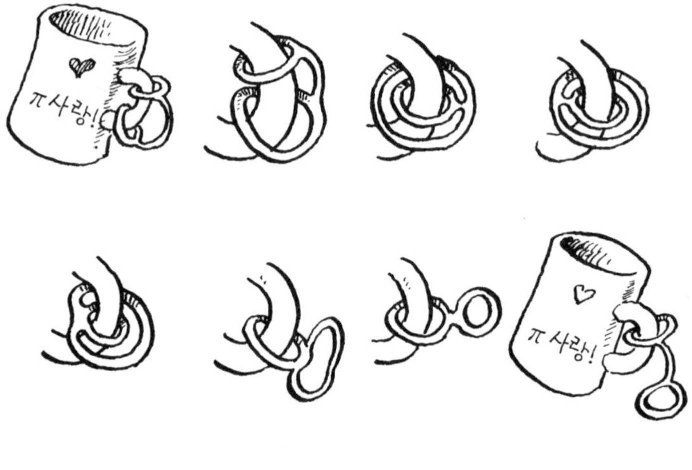

상상할 수 없을 정도로 끔찍한 축구장 계산

여러분은 무시무시한 수학 문제들로 가득한 이 책에 왜 축구장이 나오는지 궁금할 것이다. 축구에 나오는 것들은 대부분 매우 간단하기 때문이다. 점수가 3－1이라면 한 팀이 다른 팀보다 두 골 더 넣었다는 뜻이다. 간단하지 않은가? 최고의 축구 선수는 3,000만 파운드의 보너스를 받고 여자 친구에게 85,352.17파운드짜리 차를 사 줬다. 남은 돈은 얼마일까? 궁금하면 직접 물어 보길!

그렇다. 축구에서는 대부분의 것들이 아주 간단하다. 하지만 〈앗! 시리즈〉 팬들은 실망할 필요가 없다. 축구는 무척 간단한 질문이라도 무시무시한 답이 나오게 만드니까!

터치라인에서 공을 넣기 가장 좋은 곳은 어디일까?

여러분이 골라인 근처에서 공을 잡았다면 골대는 무척 좁아

보일 것이다. 공을 갖고 좀 더 멀리 간다면 골대는 더 작아 보일 것이다. 여러분이 원하는 것은 골대가 가능한 넓어 보이는 것이다.

여러분이 골대 기둥에 선을 긋고 두 기둥 사이의 각도를 보면 골대 너비가 얼마나 되는지 알 수 있다. 각도가 넓은 곳에서 공을 차야 한다.

양쪽 골대 기둥을 지나면서 터치라인을 지나는 원을 그린다. 원이 터치라인과 만나는 점은 가장 큰 각을 나타내니까 그곳이 공을 차기 가장 좋은 곳이다!

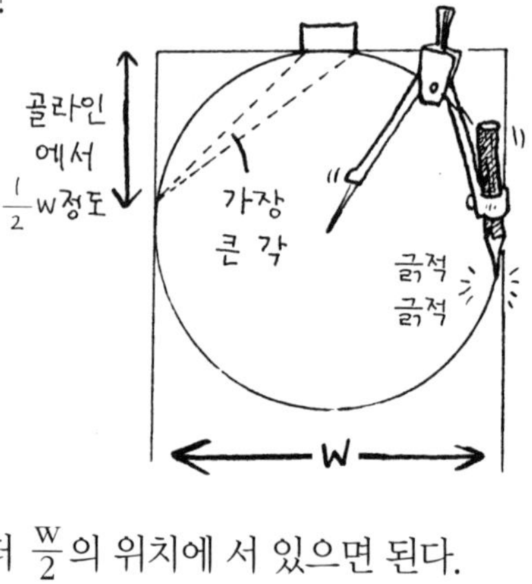

여러분이 어디에 서 있어야 하는지 정확하게 알고 싶다면 매우 어려운 공식이 필요하다. 하지만 골문이 축구장만큼 넓지 않다면 답은 간단하다. 축구장 너비가 w미터라고 하면, 여러분은 골라인으로부터 $\frac{w}{2}$의 위치에 서 있으면 된다.

토너먼트 시합에서 경기를 몇 번이나 하게 될까?

여러 팀이 서로 경기를 한다면 보통 이렇게 진행된다.

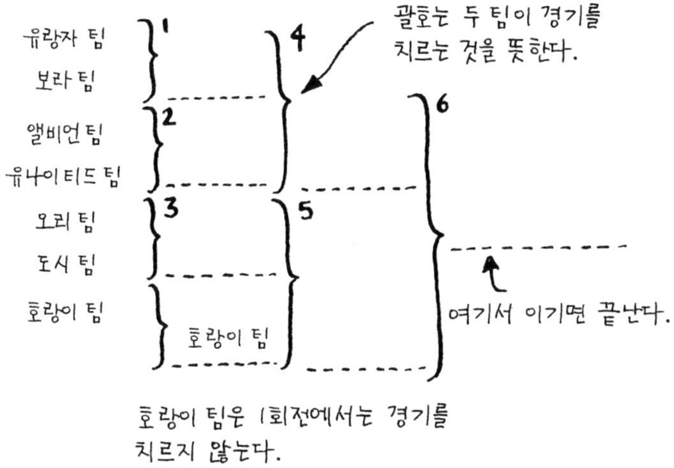

여기 있는 7팀이 여섯 번 경기를 해야 최후의 승자를 가릴 수 있는 것을 알 수 있다. 팀이 모자라서 호랑이 팀은 운 좋게도 1회전에서 경기를 하지 않는다.

하지만 만약 29팀이 있다면? 아님 317팀이 있다면? 그러면 1회전에서 더 많이 경기를 해야 한다. 하지만 어떤 팀은 운 좋게도 2회전까지 경기를 치르지 않아도 된다.

몇 번 경기를 치르는지 구하는 것이 무척 끔찍한 계산이라고 생각할 것이다. 하지만 융통성 있는 생각을 한다면 무척 간단하게 구할 수 있다! 모든 경기에서는 한 팀이 패한다. 마지막까지 남는 팀은 한 팀이다. 몇 번이나 패했을까? 치러야 하는 경기는 언제나 모든 팀 수보다 1이 적다.

골키퍼가 페널티 킥을 막는 데 얼마나 걸릴까?

보통의 경기장에서 페널티 킥은 골키퍼가 서 있는 골대에서 11m 떨어진 지점에서 차게 된다. 공을 차는 선수는 거의 1초에 30m의 속력으로 찬다. 이것은 약 1시간에 70마일 정도의 속력이다.

다음의 식을 사용해야 한다.

시간 = 거리 ÷ 속력 또는 $\mathbf{t = \frac{d}{s}}$

그러니까 공을 차고 나서 골대에 닿기까지는 11÷30 = 0.367초가 걸린다.

골키퍼가 골대 한가운데에 서 있고 상대 선수가 공을 찰 때까지 움직이지 않는다고 가정해 보자. 골키퍼가 공이 골대의 이쪽 구석으로 올 것이라는 사실을 바로 알았다고 해도 막을 수 있을까? 한 쪽으로 펄쩍 뛰든 아니든 보통 사람이 땅에서 발을 떼는 데에 걸리는 시간은 약 0.5초 정도이다. 그러니까 답은 '아니다'이다!

축구공이 골대에 맞고 골문 안으로 들어갈 확률은 얼마나 될까?

이것은 믿을 수 없을 정도로 끔찍한 질문이다. 공은 터치라인에서 90°로 움직이고 있으며 골대는 정사각형이라고 가정하고 시작하자. 또한 골키퍼는 공을 막 차려고 할 때에 씹던 껌을 공에 붙여 놓지 않으며, 공이 골대에 맞고 나서 그 자리에 멈춘다고 가정하자.

보통의 축구공은 반지름이 11cm이고 기둥 너비는 최대 12cm까지 허용된다.

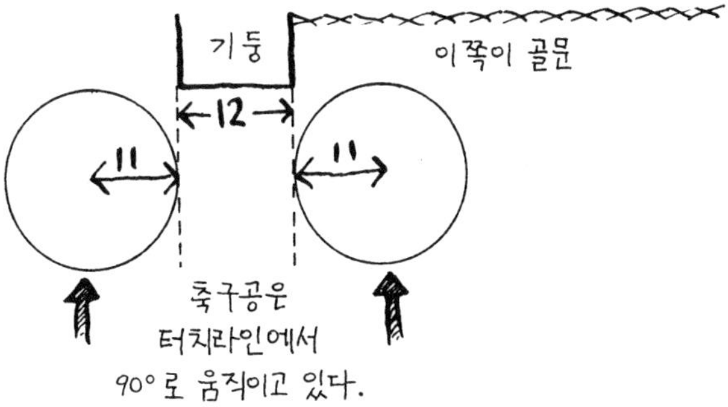

그림에서는 두 개의 축구공이 기둥의 양쪽을 스쳐 지나가고 있다. 축구공이 기둥에 맞으려면 공의 중심이 표시된 공 두 개 사이에 있어야만 한다. 목표 지점의 너비는 11 + 12 + 11 = 34cm라는 것을 알 수 있다.

공이 45° 각도로 기둥의 오른쪽에 맞는다면 똑바로 옆쪽으로 튕겨 나갈 것이다. 오른쪽에서 조금 더 떨어져서 기둥에 맞는다면 골문 안으로 튕겨 들어갈 것이다. 그러므로 우리는 공의 중심에서 얼마나 떨어져 있는 것이 45° 각도로 맞는 것인지를 알아야 한다. 놀랍게도 우리는 또다시 피타고라스의 정리를 써야 한다. 비록 피타고라스는 사모스 로버스를 지지했지만 그들은 기원전 503년에 그리스 리그 컵 대회 1회전에서 탈락하고 말았다. 이미 고인이 된 피타고라스에게 심심한 위로의 말을 전한다.

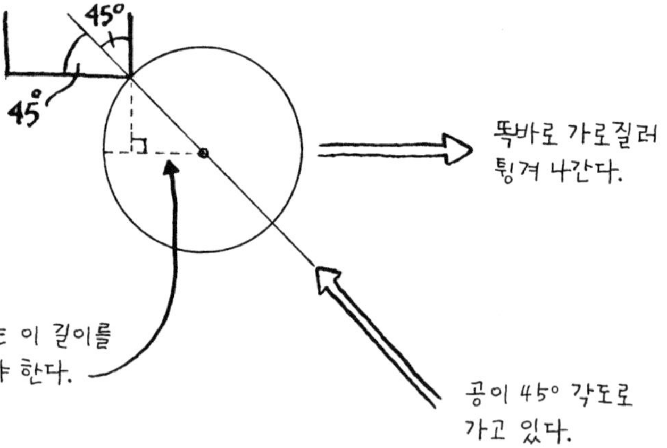

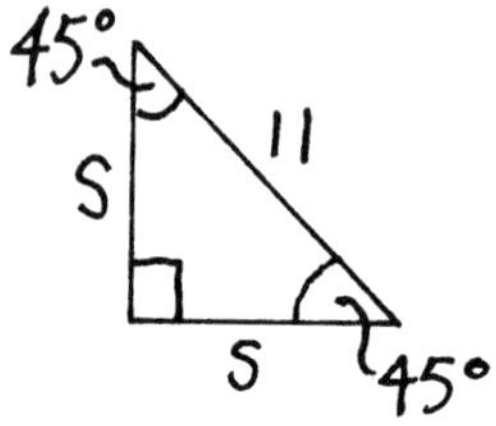

우리는 작은 직각 삼각형을 그릴 수 있다. 작은 각은 둘 다 45°이고, 짧은 변은 둘 다 길이가 같다. 긴 변의 길이는 11cm이다. 가장 짧은 변을 s라고 하자.

피타고라스가 말하길 $s^2 + s^2 = 11^2$이라고 했다.

$2s^2 = 121$이므로 $s^2 = 121 \div 2 = 60.5$

$s = \sqrt{60.5} = 7.78$cm이다.

이제 다시 그림을 보자. 공이 골문 안으로 들어갈 수 있는 목표 지점의 너비는 11 − 7.78 = 3.22cm이다.

그러니까 공이 기둥에 맞고 골문 안으로 들어갈 확률은

〈골문 안으로 들어갈 수 있는 지점의 너비〉 ÷ 〈골대에 맞을 수 있는 총 너비〉이다.

그래서 3.22 ÷ 34 = 0.095 또는 9.5%.

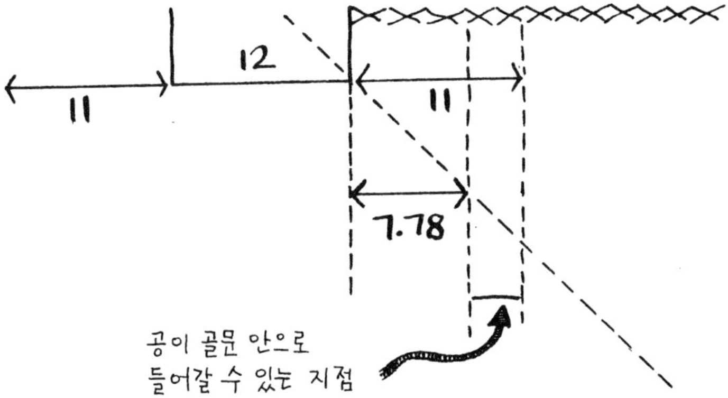

따라서 여러분이 눈을 감고 기둥을 향해 똑바로 공을 찬다고 해도 10번에 한 번은 공이 기둥에 맞고 골문 안으로 들어가게 된다. 이렇기 때문에 대부분의 축구 선수들은 눈을 뜨고 경기를 한다. 무척 직업의식이 강한 태도이기는 하지만 재미는 덜하다.

수영장에 축구공이 몇 개나 들어갈까?

> 여러분은 보통 사람? 아니면 약간 비정상?
> 여러분이 보통 사람인지 아니면 약간 비정상인 순수한 수학자인지를 알 수 있는 방법이 있다. 정상이라면 다음에 나오는 내용을 미치지 않고 읽을 수 있을 것이다.

여러분이 수영장에 공을 가능한 많이 넣고 싶다면 공을 층층이 잘 정돈해서 넣어야 한다. 가장 좋은 방법이 두 가지 있다. 아주 쓸모 있는 방법이니 기대해도 좋다.

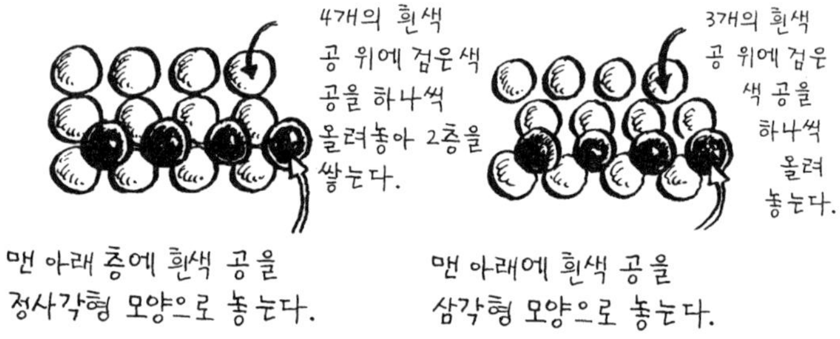

4개의 흰색 공 위에 검은색 공을 하나씩 올려놓아 2층을 쌓는다.
3개의 흰색 공 위에 검은 색 공을 하나씩 올려 놓는다.
맨 아래 층에 흰색 공을 정사각형 모양으로 놓는다.
맨 아래에 흰색 공을 삼각형 모양으로 놓는다.

공을 층층이 쌓다 보면 바깥쪽에 있지 않은 공은 다른 12개의 공과 맞닿는다는 것을 알게 된다. 여러분이 수영장에 공을 가능한 많이 넣고 싶다면 삼각형 모양으로 쌓는 것이 조금 더 나을 것이다. 분명히 공 사이에는 빈 공간이 생길 수밖에 없는데, 가장 좋은 방법은 수영장에서 사용하지 않는 공간이 약 $\frac{1}{4}$이 되도록 하는 것이다.

요건 몰랐을걸

어때? 기분이 좋고 편안하게 느껴졌다면 정상적인 사람인 거야. 하지만 약간 비정상적인 사람들은 아래 질문을 두 가지 받으면 좀 정신이 나갈지도 몰라.

1. 공을 늘어놓았을 때에 공 하나가 다른 공 13개와 닿게 하는 방법이 있을까? 쉬운 질문처럼 보이지만 아이작 뉴턴과 다른 천재들을 수세기 동안 괴롭혔던 질문이다. 그리고 약 150년 전에야 불가능하다는 것이 증명되었다.

2. 공을 삼각형 모양으로 늘어놓는다면 수영장을 차지하는 정확한 비율은 $\frac{\pi}{3\sqrt{2}}$ = 0.74048이다. 하지만 사람들은 그 비율을 최대 0.78까지 늘리는 것이 가능하다고 생각한다. 누군가 공을 더 잘 담을 수 있는 방법을 발견할지도 모르겠다. 만약 동네 놀이터에 있는 볼풀 근처에서 장난치고 있는 순수한 수학자 무리를 발견한다면 방

해하지 말기를! 진짜 중요한 일을 하고 있을 테니까.

올림픽 규격 수영장이 50m×25m×2m라고 하자. 부피는 $50 \times 25 \times 2 = 2{,}500\text{m}^3$이다. 알다시피 축구공으로 가득 채운다고 해도 채울 수 없는 공간이 약 $\frac{1}{4}$이니까 축구공들의 총 부피는 $2{,}500 \times \frac{3}{4} = 1{,}875\text{m}^3$이다. 수영장 안에 들어간 축구공이 몇 개나 되는지 알고 싶으면 지금 나온 답을 축구공의 부피로 나누면 된다. 참 간단해 보인다. 그렇지 않아? 음, 글쎄 과연 그럴까?

축구공의 부피를 구하는 방법

축구공의 부피를 구하는 가장 확실한 방법은 고대 그리스의 천재 학자인 아르키메데스가 발견한 공식을 쓰는 것이다.

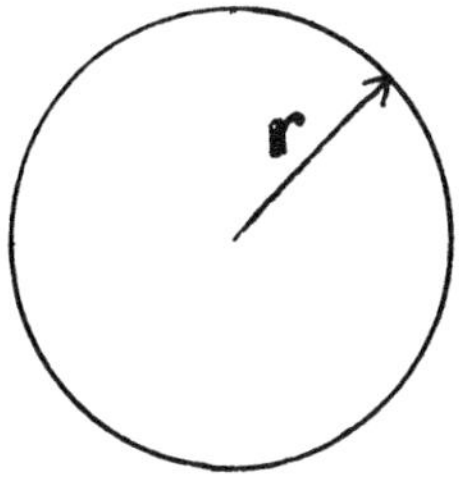

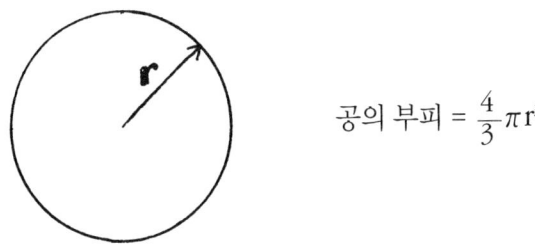

공의 부피 = $\frac{4}{3}\pi r^3$

그런데 불행하게도 이 공식은 축구공에는 쓸 수가 없다. 왜냐하면 반지름을 알아야 하기 때문이다. 반지름은 공의 겉에서 한가운데까지의 길이를 말한다. 그것을 어떻게 잴 수 있지? 오렌지라면 반으로 잘라서 반지름을 재면 된다. 하지만 축구공을 반으로 자르면 납작하고 쭈그러져서 이제 공이 아닌 것이 되어 버린다. 쉽게 축구공의 반지름을 잴 수 있는 방법은 줄자로 둘레를 재는 것이다. 배웠던 대로 부피에 관한 두 가지 공식 중에서 하나를 고르면 된다.

원둘레 공식에서 나온 우아한 구의 부피 공식 부피 = $\frac{4\pi}{3}(\frac{c}{2\pi})^3$ (c는 원둘레)	구하는 방법: 원둘레를 2π로 나눈다. 이때 반지름은 r이다. 그러고서 그 답을 세제곱하면 r3이 나오고, 그 다음에 π를 곱한다. 그 다음에 4를 곱하고 3으로 나눈다. 오호!
새로운 〈앗! 시리즈〉 공식 부피 = $\frac{c^3}{60}$	구하는 방법: 원둘레를 세제곱한다. 60으로 나눈다. 초콜릿 비스킷을 먹는다. 만세!

새로 나온 〈앗! 시리즈〉 공식은 인생을 좀 더 쉽게 만들어 주고 공정한 계산 결과를 안겨 준다. 좀 더 복잡하게 계산하고 싶다면 c^3을 60으로 나누는 대신 59.2176으로 나누면 된다.

축구공 둘레가 680mm라면 0.68m라는 뜻이다. 부피는 $(0.68)^3 \div 60 = 0.00524m^3$이다.

이미 올림픽 규격의 수영장에 들어가는 축구공의 최대 부피가 1,875m^3라는 것을 알고 있으니 수영장 안에 축구공이 몇 개나 들어가는지 구할 수 있다.

1875 ÷ 0.00524 = 357,824개.

한 가지 더 주의해야 할 것이 있다. 수영장을 축구공으로 가득 채웠다면 다이빙하려는 사람들에게 미리 경고해 두는 것을 잊지 말아야 한다.

축구공의 부피를 어떻게 잴 수 있을까?

우리의 순수한 수학자들은 축구공의 부피를 잴 수 있는 또 다른 방법을 찾아냈다. 축구공 뿐 아니라 다른 어떤 재미있게 생긴 물건이든 이 방법으로 잴 수 있다. 커다란 대야에 물을 채우고 공을 잠기게 한다. 물이 얼마나 높아졌는지 대야에 표시한다.

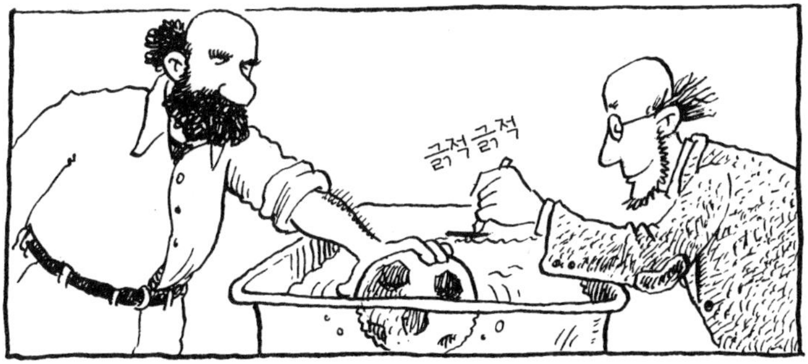

그 다음에 공을 꺼내면 물 높이가 낮아진 것이 보일 것이다. 계량 주전자를 가지고 와서 물 높이가 처음 표시했던 것과 같아질 때까지 물을 붓는다. 어때 아주 쉽지?

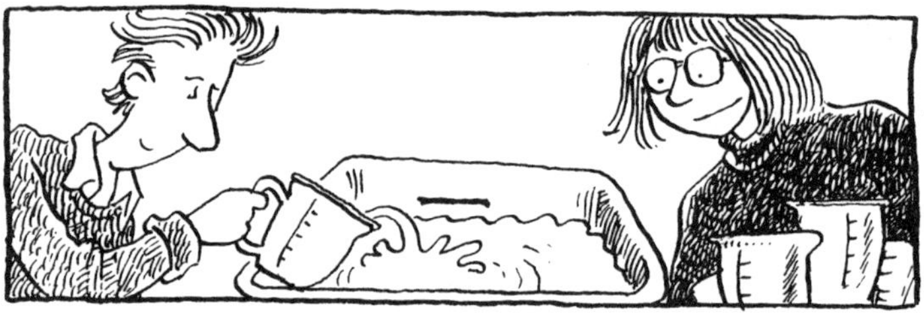

더 부은 물의 양과 공의 부피는 같다. 물 1ℓ = 0.001m³이다. 물을 5.2ℓ 부었다면 공의 부피는 0.0052m³이다. 이 방법은 아르키메데스가 고안해 낸 또 다른 방법인데, 아르키메데스는 2250년 전에 이 아이디어를 생각해 냈다.

그럼 모든 물에 아르키메데스의 목욕물이 섞여 있다는 말?
그럼 이 컵에도?
와!
이 책에서 마지막 문제를 위해 얼마나 자리를 남겨 두었는지 보자고….

물 한 잔에는 아르키메데스의 목욕물이 얼마나 들어 있을까?

물은 분자라고 부르는 수십억 개의 작은 입자들로 이루어져 있다. 물 분자는 두 개의 수소 원자에 한 개의 산소 원자가 결합되어 있다. 물 1ℓ에는 약 33,500,000,000,000,000,000,000,000개의 분자가 있다.

먼저 우리는 아르키메데스의 목욕물에 물 분자가 얼마나 있었는지를 구해야 한다. 우리는 아르키메데스가 어떻게 목욕을 했는지는 모르지만 조사해 볼 수는 있다.

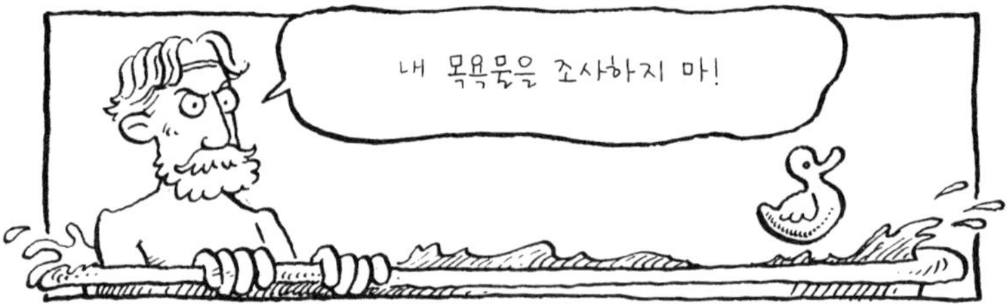

오! 이런 경우라면 요즘 목욕과 비슷할 것이라고 생각하고 목욕물은 약 200ℓ라고 추정된다. 그러므로 욕조에 들어 있던 물 분자의 수는 이렇게 된다.

200 × 1ℓ에 들어 있는 물 분자의 수. 그럼 분자는 6,700,000,000,000,000,000,000,000,000개이다.

그 후로 지난 2000년 동안 물 분자들이 바다와 강으로 들어갔고, 햇빛 때문에 증발하고, 구름이 되고, 비가 되어 내려오고, 식물들이 빨아들이고, 동물들이 쩝쩝거리고, 얼어서 눈이 되면서 이 별의 모든 물에 골고루 섞여 들어갔다.

우리들의 무시무시한 지리 담당 자문위원들은 지구에 있는 물은 모두 1,260,000,000,000,000,000,000ℓ라고 말해 주었다. 그 물 1ℓ에 아르키메데스의 목욕물 분자가 얼마나 들어 있는지 알고 싶어서 물 분자 수를 물의 양으로 나누어 보았다.

$$\frac{6{,}700{,}000{,}000{,}000{,}000{,}000{,}000{,}000{,}000}{1{,}260{,}000{,}000{,}000{,}000{,}000{,}000} = 5{,}317{,}460$$

음료수는 주로 물로 되어 있으므로 여러분이 물 1ℓ를 마실 때마다 아르키메데스의 목욕물 분자 500만 개를 삼키는 셈이다.

잘 가!

아쉽게도 이제 이 책의 마지막 부분까지 오게 되었다. 하지만 〈앗! 시리즈〉 팬들은 결코 이런 재미를 놓치고 싶지 않을 것이다. 여러분이 좀 더 신기한 사실이나 이상한 문제, 몹시 지루한 숫자들을 찾고 싶다면 또 다른 〈앗! 시리즈〉 책을 찾아보자. 결코 여러분을 실망시키지는 않을 것이다.

이제 해결해야 할 아주 작은 문제가 남아 있다. 우리는 사람들을 잡아먹는 거대 거미는 있을 수 없다고 증명했다. 그럼 어떻게 그 섬에 그런 이름이 붙었는지 궁금하겠지?

장소 : 태평양의 작은 거미 섬을 막 지나가고 있음.

날짜 : 1929년 8월 31일

시간 : 오후 12시 30분

일곱 명의 남자가 물살을 가르며 나아가는 죄수선 뒤쪽에 침울하게 앉아 있다. 파란 제복을 입은 한 남자가 큰 몽둥이와 호루라기를 든 채 남자들을 지켜보며 서 있다. 그 남자는 무척 재밌어 하는 표정이었다.

"나는 아직도 왜 너희들이 그 섬을 떠나려고 했는지 이해할 수가 없어."

간수인 콜리스가 킬킬거렸다.

"너희들이 그 연을 날리지만 않았다면 우리는 결코 너희들을 잡지 못했을 거야. 너희들은 계속 거기서 사는 게 백 배 천 배 나았다고."

"신경 꺼."

면도날이 버럭 소리를 질렀다.

"빨리 우리를 감옥으로 데려다 줘. 상어 지느러미 섬은 다 온 거야?"

간수가 그들 앞에 나타난 섬을 보았다.

"아니, 작은 거미 섬이야."

"오, 이런."

반쪽 미소가 중얼거렸다.

"저 섬에 정박하지 않을 거야? 난 작은 거미 따위는 두렵지 않다고."

"하하하."

간수가 배를 잡고 웃었다.

"거기에 작은 거미 따위는 없어. 그저 바닷가와 연못, 그리고 햇빛뿐이야."

"그러면 왜 이 섬을 작은 거미 섬이라고 부르는 거지? 난 도대체 알 수가 없다고."

"여기가 작은 섬이라서! 오, 그리고 이 섬을 200년 전에 시드니 스파이더(거미라는 뜻) 선장이 발견했기 때문에 그 이름을 따서 부르는 거야. 이것보다 더 좋은 섬이 하나 있는데, 더 크지. 그 섬 역시 스파이더 선장이 발견했어. 그래서 그 섬의 이름이……."

"거대 거미 섬!"

일곱 남자들이 신음소리를 냈다.

STANTON

앗, 시리즈(전 70권)

앗, 이렇게 재미있는 수학이!

어렵고 지루했던 수학이 순식간에 쉽고 즐거워집니다. 수학의 기초 원리에서부터 응용까지, 다양한 정보와 교양을 골라서 일목요연하게 정리해 줍니다.

01 수학이 모두 모여 수군수군
02 수학이 수리수리 마술이
03 수학이 수군수군
04 수학이 또 수군수군
05 수학이 자꾸 수군수군 1. 셈
06 수학이 자꾸 수군수군 2. 분수
07 수학이 자꾸 수군수군 3. 확률
08 수학이 자꾸 수군수군 4. 측정
09 대수와 방정맞은 방정식
10 도형이 도리도리
11 섬뜩섬뜩 삼각법
12 이상야릇 수의 세계
13 수학 공식이 꼬물꼬물
14 수학이 꿈틀꿈틀

앗, 시리즈(전 70권)

앗, 이렇게 재미있는 과학이!

어렵고 지루했던 과학이 순식간에 쉽고 즐거워집니다.
복잡한 현대 과학의 기초 원리에서부터 응용까지
다루고 있으며, 다양한 정보와 교양을 골라서
일목요연하게 정리해 줍니다.

15 물리가 물렁물렁
16 화학이 화끈화끈
17 우주가 우왕좌왕
18 구석구석 인체 탐험
19 식물이 시끌시끌
20 벌레가 벌렁벌렁
21 동물이 뒹굴뒹굴
22 화산이 왈칵왈칵
23 소리가 속삭속삭
24 진화가 진짜진짜
25 꼬르륵 뱃속여행
26 두뇌가 뒤죽박죽
27 번들번들 빛나리
28 전기가 찌릿찌릿
29 과학자는 괴로워?
30 공룡이 용용 죽겠지
31 질병이 지끈지끈
32 지진이 우르쾅쾅
33 오싹오싹 무서운 독
34 에너지가 불끈불끈
35 태양계가 티격태격
36 튼튼탄탄 내 몸 관리
37 똑딱똑딱 시간 여행
38 미생물이 미끌미끌
39 의학이 으악으악
40 노발대발 야생동물
41 뜨끈뜨끈 지구 온난화
42 생각번뜩 아인슈타인
43 과학 천재 아이작 뉴턴
44 소름 돋는 과학 퀴즈

앗, 시리즈(전 70권)

앗, 이렇게 재미있는 사회·역사가!

어렵고 지루했던 사회·역사가 순식간에 쉽고 즐거워집니다. 사회·역사와 담을 쌓았던 친구들에게 생생한 학습 의욕을 불어넣어 줄, 꼭 필요한 정보와 교양만을 골라서 일목요연하게 정리해 줍니다.

45 바다가 바글바글
46 강물이 꾸물꾸물
47 폭풍이 푸하푸하
48 사막이 바싹바싹
49 높은 산이 아찔아찔
50 호수가 넘실넘실
51 오들오들 남극북극
52 우글우글 열대우림
53 올록볼록 올림픽
54 와글와글 월드컵
55 파고 파헤치는 고고학
56 이왕이면 이집트
57 그럴싸한 그리스
58 모든 길은 로마로
59 아슬아슬 아스텍
60 잉카가 이크이크
61 들썩들썩 석기 시대
62 어두컴컴 중세 시대
63 쿵쿵쾅쾅 제1차 세계 대전
64 쾅쾅탕탕 제2차 세계 대전
65 야심만만 알렉산더
66 위풍당당 엘리자베스 1세
67 위엄가득 빅토리아 여왕
68 비밀의 왕 투탕카멘
69 최강 여왕 클레오파트라
70 만능 천재 레오나르도 다 빈치

전 세계 2천만 독자가 함께 읽는 <앗, 시리즈>